독서이펙트

와일드북
와일드북은 한국평생교육원의 출판 브랜드입니다.

독서 이펙트

초판 1쇄 인쇄 · 2024년 9월 4일
초판 1쇄 발행 · 2024년 9월 9일

지은이 · 고경진·김혜경·연소연·이미옥
　　　　　이현정·이혜경·장선영·정혜원
발행인 · 유광선
발행처 · 한국평생교육원
편　집 · 장운갑
디자인 · 박형빈

주　소 · (대전) 대전광역시 유성구 도안대로589번길 13 2층
　　　　　(서울) 서울시 서초구 반포대로 14길 30(센츄리 1차오피스텔 1107호)
전　화 · (대전) 042-533-9333 / (서울) 02-597-2228
팩　스 · (대전) 0505-403-3331 / (서울) 02-597-2229

등록번호 · 제2018-000010호
이메일 · klec2228@gmail.com
instagram @wildseffect

ISBN 979-11-92412-74-0 (13190))
책값은 책표지 뒤에 있습니다.

잘못되거나 파본된 책은 구입하신 서점에서 교환해 드립니다.

이 책은 한국평생교육원이 저작권자의 계약에 따라 발행한 것이므로 저작권법에 따라 무단 전재와 복제를 금합니다. 이 책 내용의 전부 또는 일부를 이용하려면 반드시 저작권자와 한국평생교육원의 서면동의를 얻어야 합니다.

독서 이펙트

고경진·김혜경·연소연·이미옥
이현정·이혜경·장선영·정혜원 지음

>>>>> 프롤로그

　모든 존재는 연결되어 있습니다. 분리되어서는 성장할 수 없지요. 사람 인(人)자의 기원도 두 사람이 서로 의지하며 서 있는 모습에서 기인한 것처럼, 사람은 서로가 의지하며 서로에게 영향을 끼치는 존재인 것입니다.

　현존하는 인류를 호모 사피엔스라고 부릅니다. 우리가 호모 사피엔스가 되기까지의 여정은 직립 보행을 시작한 초기 단계부터, 도구 사용으로 뇌 발달을 경험한 단계, 언어의 사용을 통해 복잡한 사회적 상호작용을 가능하게 한 단계까지 이어집니다. 손을 이용한 도구의 사용이 뇌 발달에 직접적인 영향을 주었고, 대근육의 발달과 뇌 용량의 증가, 언어의 사용으로 인해 발전한 것을 알 수 있습니다. 손으로 도구를 사용한 것이 뇌에 직접적인 영향을 주고, 사유 기관인 뇌 용량의 증가는 곧 생각의 힘이 자라는 데 영향을 끼친 것이지요.

인간의 머리는 사유 기관인 뇌와 발성 기관인 후두, 성대로 이루어져 있습니다. 인간의 뇌는 오감을 느끼고 감성과 지성을 관장하기 때문에 우리 몸에서 가장 중요한 기관이라고 볼 수 있지요. 과학자들은 뇌와 발성 기관의 변화로 복잡한 언어가 발달할 수 있었고, 언어가 창의력과 지식 습득을 촉진했다고 보고 있습니다. 사람은 생각이 바뀌어야 행동으로 드러나게 되는데, 사람의 생각을 바꾸기 위해서는 다양한 말을 들려주거나, 정신을 풍요롭게 하는 문장을 읽어야 합니다. 즉 읽는 행동이 생각의 발전을 이루고, 행동의 교정적 효과를 끌어내는 것이지요.

인류는 뇌의 용량이 커지면서 소통의 수단인 언어가 생성되었고, 문화를 꽃피우며 역사를 발전시켜 왔습니다. 소통이라고 하는 것은 나의 의사를 상대방이 알아들을 수 있게 전달하는 것을 뜻하고, 상대방 역시 화자의 언어를 이해하는 것을 뜻합니다. 말이라고 하는 것은 뇌로 생각한 언어를 입으로 표현하는 것이지요. 즉 머릿속에서 긍정적이고 발전적인 생각을 해야 말과 행동으로 드러나게 되고 결국 발전을 이룰 수 있는 것입니다.

소통의 수단인 언어를 **빼앗긴다**는 것은 생각을 **빼앗기**는 것입니다. 자유의사를 핍박받게 되면 발전을 이룰 수 없게 되지요. 우리나라가 자유의사를 **빼앗겼던** 시절, 독립을 위해 싸운 이들은 생각하는 힘을 지키기 위해 많은 노력을 기울였습니다. 발전에 역행하지 않으려면 생각의 힘을 길러내야 합니다. 책을 읽고 다양한 사고를 하며 바른 방향성을 가지고 성장해 나가야 하지요. 다양한 사고를 하기 위해서는 책을 읽고 확산적 사고인 창의력을 계발해야 합니다.

독서는 인류 발전의 중요한 동력이었습니다. 읽기는 뇌에 직접적인 정보를 전달하고, 생각의 확장을 유도하는 훌륭한 방법이지요. 읽는 행위는 뇌에 직접적인 정보 전달과 더불어 뉴런과 시냅스를 연결하며 생각의 확장을 유도하는 최고의 방법입니다. 현대 사회에서는 디지털 기기의 사용이 증가하고 있으나, 이에 대한 균형 있는 접근이 필요합니다. 아날로그 교육 방식과 디지털 기기의 적절한 사용은 생각하는 능력을 유지하고 발전시키는 데 중요합니다.

이 책을 쓴 저자들은 독서를 통해 자신의 경험과 지식을 공유하고자 합니다. 독서는 사고의 확장과 창의력 계발에 큰 도움이 됩니다. 우리는 독서를 통한 서로에게 긍정적인 영향을 주고받으며 함께 성장하고자 합니다. 이 책을 쓴 8명의 저자는 모두 여성입니다. 엄마 경력이 최소 10년 이상이신 분들과 오랫동안 아이들의 독서논술을 지도하신 선생님이 힘을 모아 읽는 뇌와 독서의 중요성을 널리 알리고자 집필을 하였습니다.

책을 통한 성장은 각자의 경험이 달랐지만, 독서 방법에 대한 결의 방향에는 일정한 흐름이 공통분모로 존재했습니다. 탐독, 발췌독, 정독, 재독, 낭독, 다독, 글쓰기라는 독서법의 흐름은 꼭지별로 유지하며 각자의 경험담을 에세이 형식으로 녹여냈습니다. 또한 책을 쓰고 싶은 분들이 반드시 알아야 할 독서의 기술을 담았습니다. 독서를 통해 꿈을 현실로 만드는 여정에 저희의 책이 함께할 수 있기를 바랍니다.

우리는 책을 좋아하는 여성이라는 공통분모가 있습니다. 우리는 독서를 통해 자기경영을 실천하고자 대학원에서 만났고, 독서경영 MBA 과정을 함께 수학했습니다. 여성 리더의 시대를 열고자 하는 포부로 책을 썼고, 각자의 자리에서 선한 영향력을 전하고 싶은 마음을 담았습니다. 독서 초보자에서 독서 고수로 성장해 나가시는 모든 분과 책을 통해 함께 호흡하고 싶습니다. 좋은 책을 읽고 서로에게 좋은 영향을 전하며 상생할 수 있는 대한민국을 꿈꿉니다. 꿈을 현실로 이루어내는 의식 성장에 독서가 발판이 되기를 간절히 소망합니다.

숭실대학교 중소기업대학원 독서경영전략학과
4기 대표 장선영 배상

>>>>> 차례

프롤로그 • 4

》 고경진

장모님, 와이프가 말을 너무 잘해요 • 14
그 사람을 다 안다는 것은 • 18
책을 사랑하는 사람을 좋아합니다 • 22
작가 임신 • 25
환청 • 29
턴테이블을 찾아서 • 32
나는 글을 쓸 때 가장 행복하다 • 35

》 김혜경

지금 빅토리아 폭포를 만나러 갑니다 • 40
너, 딱 걸렸어 • 45
처음부터 봐야 제맛이지 • 50
재독의 꿈은 필통을 타고 • 55
청소년, 시와 대화하다 • 60
경력사원 우대 • 65
맛있는 글쓰기 여행을 떠나자 • 70

》 연소연

모퉁이의 미학을 아는가 · 76

나무를 보며 숲을 상상하라 · 81

씨앗 파종하기 · 86

보물찾기 · 91

낭독의 발견 · 95

삶의 교량 역할을 해주다 · 100

낭만적 자유를 꿈꾸는 내게 샐리의 법칙이 될 미래 · 105

》 이미옥

누군가의 탐독은 나에겐 노동이다 · 110

약인가? 독인가? · 115

그렇게 우리는 태어나기 전부터 정독의 세계에 들어와 있다 · 119

씹고 뜯고 맛보며 · 124

아파라파 선생님 · 129

블랙홀 독서 · 134

글쓰기는 다양한 수학공식이다 · 139

〉〉 이현정

탐독은 맥주다, 그것도 생맥주 • 146
발췌독은 골라 먹는 아이스크림? 그게 전부가 아니다 • 151
정독을 편지로 배우다 • 156
재독은 내 인생이 되었다 • 161
낭독으로 전하는 내 마음속 이야기 • 166
다독은 내 업무의 커닝페이퍼 • 170
나는 필이 꽂혀야 글을 쓴다 • 175

〉〉 이혜경

매일 읽는 긍정의 한 줄 • 181
추억 소환 '책 속에 또 책이 있어' • 187
곱씹다 • 191
절친 사귀기 • 195
낭독은 아름다운 자신감이다 • 199
나만의 서재를 꿈꾸며 • 204
글쓰기는 나 너머 소통의 빛 찾기이다 • 209

》 장선영

나비가 꽃에 꿀을 따러 내려앉듯, 도서관의 서가 사이 한 권의 책에 꽂히다 • **215**
거미가 집을 짓듯이 • **220**
책과 내가 하나가 되는 물아일체(物我一體)의 경험 • **227**
재독을 통해 작가의 의식과 정렬하다 • **233**
낭독은 금이다 • **237**
엄마, 이 꽃은 이름이 뭐야 • **243**
입이 쓰기에 글을 썼다 • **249**

》 정혜원

어린 시절 추억 따라, book 따라 • **257**
힘든 순간, 가장 필요한 건, 바로 • **263**
한번 해 보자, 후회하지 않도록 • **268**
사랑하라, 한 번도 상처받지 않은 것처럼 • **274**
어른이 된다는 것 • **280**
좋은 책도 많고 볼 책도 많다. 그래서 세상은 재미있다 • **286**
기록하고 또 기록하자. 기록이 쌓이면 내가 된다 • **292**

에필로그 • **299**

책과 글에서 인상적이거나 중요한 부분만 읽는 방법은
독서를 시작하는 사람들에게 흥미를 유발할 수 있다.
하지만 권장하기에는 주의가 필요하다.
한 사람을 명확하게 알기 위해서는 전체를 보아야 하는 것처럼
책을 대하는 시야도 더 넓혀 가는 것이 필요하다.

고경진

작가를 꿈꾸는 N잡러, 피부과 간호파트 경력 20년, 한국독서교육신문 기자, WWH131키워드'패턴'글쓰기 서평전문 강사.
현) 교육청 인가 한국평생교육원 강사
현) 한국상담협회 강사
현) 한국인재개발원 강사

장모님, 와이프가 말을 너무 잘해요

　　초가을 어느 날 어두운 방 문틈 아래에서 새어 나오는 빛이 매우 아름다워 보일 때가 있었다. 캄캄한 시야 앞에 나타난 레이저 광선 같은 실선이 나의 호기심을 자극했다. 그곳만을 뚫어지게 바라보면서 순간 방 안이 어둡다는 사실을 잊어버렸다.

　결혼 후 아이 셋 육아와 살림에 지친 나에게 책은 그런 존재였다. 아무것도 보이지 않는 삶 안에서 한 줄기의 밝은 광채 같은 의미였다. 책 안에서 읽히는 모든 문장과 정보들은 나를 무아지경으로 안내했고, 무지했던 뇌를 깨어나게 했다. 전 세계 곳곳의 사람들이 시간을 넘나들며 적어 내려간 각자의 이야기들은 나를 울게도 하고, 웃게도 했다. 그 안에는 역사와 철학, 종교, 미술, 경제 등 인간이 살아가는 데 필요한 모든 것이 실려 있다. '보기 좋은 떡이 먹기도 좋다'는 속담처럼 날것과 같은 글들을 정갈하게 익혀서 맛있게 요리한 문장들은 미슐랭 3성을 부여받은 고급 레스토랑의 음식같이 느껴졌다. 때로는 이탈리아 피렌체 우피치 미술관의 아름다운 그림과 같이 내 마음에 액자처럼 걸렸다. 이것은 삶에 즐거움을 주는 동시에 가르침을 얻게 하는 선생님과 같아서 책이 있는 곳이라면 어디든 달려가게 되었다.

이렇게 책에 흠뻑 빠지고, 심취해 있는 내 모습을 보고 가장 놀란 사람은 남편이었다. 가만히 생각해 보면 인생에서 몰입했던 것들이 무엇인지 나열해 보니 몇 안 된다. 그중 하나는 사랑이다. 사랑 안에 내포된 감정들은 강한 애착, 관심, 존경, 배려 등으로 이것들을 쏟아붓는 행위가 몰입이라고 생각한다. 당연히 대상은 부모님, 남편, 아이들이었으며 사랑을 하는 동시에 갈구하기도 했다. 그랬던 내가 사람이 아닌 책에 몰입하게 되었으니 이런 변화에 남편은 의아해했다. 도대체 저 안에 무엇이 들어 있기에 책이라면 사족을 못 쓸까 하는 의문의 눈길을 보냈다.

서점과 도서관에 다니며 육아서와 에세이는 물론 문학 소설을 탐독했다. 이후 철학서와 예술과 관련된 서적에도 눈길을 돌렸다. 플라톤의 이데아, 미켈란젤로의 다비드상, 사드로 보티첼리가 그린 비너스의 탄생 이야기 등 모두 신세계가 열리는 듯했다.

탐독의 과정은 내 머릿속에서 같은 단어와 비슷한 문장들을 정렬해 놓았다. 이로 인해 자연히 어휘력과 대화의 기술이 향상되었다. 일례로 예전에는 부부싸움을 하면 말도 제대로 못 하고 감정에 복받쳐 눈물을 뚝뚝 흘리기 일쑤였다. 하지만 책을 열중하여 읽은 후에는 반짝거리는 눈빛으로 또박또박 하고 싶은 말을 울지 않고 전달할 수 있게 되었다. 그런 언변에 남편이 입을 떡 벌리고 놀라면서 말했다.

"장모님! 예은 엄마가 말을 너무 잘해요!"

말을 잘한다는 의미는 싸움을 타협으로 이끄는 재주가 있다는 뜻이다. 얼굴을 마주보며 자기 생각을 명료하게 전달하는 아내의 모습이 인상 깊었다고 한다.

책의 구성은 기승전결과 서론·본론·결론의 형태로 나열되어 있어서 이러한 순서로 말을 할 때 적용하면 상대방을 설득하는 데 효과적이라는 것을 여러 번 경험했다. 또한 유명하다 싶은 도서 내용에는 비슷한 인용 어구를 찾아볼 수 있었다. 이러한 문장들을 메모하며 외워서 인사말이나 자기소개를 할 때 적절히 넣어 활용하기도 했다.

사실 나는 다섯 살에 말문이 트여서 또래보다 언어발달이 늦은 아이였다. 사람들이 "너 이름이 뭐니?"라고 물어보면 말을 잘 못 해서 놀림을 당할까 봐 도망가기 바빴다. 이런 아이가 자라서 사춘기 시절과 사회에 첫발을 내디뎠을 때 생활패턴이 어땠을까? 대인관계도 원만하지 못해서 매사에 불평이 가득했던 때가 기억이 난다. 세상에서 가장 부러운 사람이 말을 잘하는 사람이었다. 그러나 책을 통해 말을 조리 있게 전달하는 법을 깨닫게 되자 어느덧 200명이 넘는 청강생들 앞에서 연설하는 강연자로 서게 되었다.

앞으로는 "말 한마디로 천 냥 빚을 갚는다."라는 속담처럼 지혜로운 언어전달자가 되고 싶다. 언어에는 형태가 있기 때문에 함부로 내뱉으면 상대의 마음을 아프게 찌를 수 있다. 뾰족한 모양보다는 예쁜 하트 모양으로 사랑과 희망의 메시지를 전해 줄 것이다.

남편은 책으로 환골탈태한 나를 보면서 달라지고 있다. 남편도 독서에 몰입하게 된 것이다.

내 어깨너머로 본 도서 중에 문요한 작가의 '관계를 읽는 시간'을 인상 깊게 읽었다. 한 권 두 권 나의 책장에서 심리 서적을 꺼내어 보다가 서점으로 책을 구입하러 갔다. 자신이 감명 깊게 읽은 도서를 회사 동료들에게 선물하기 위해서였다. 한 가정주부의 탐독 생활은 남편을 독서가로 만드는 구심점이 되었다.

그 사람을 다 안다는 것은

'찰싹!'
"머리에 피도 안 마른 것이 길거리에서 담배를 피워?"

40년 전에 그녀는 예의에 어긋나게 행동하는 사람이나 불의를 보면 못 참는 성격의 소유자였다. 특히 길거리에서 담배를 피우는 청년들의 모습을 보고는 모르는 척 지나치지 못했다. 어르신이 옆에 있어도 담배 연기를 '후~' 하고 내뿜는 젊은이가 용서가 안 된 것이다. 그녀는 예의 없던 그들을 나무라며 젊은이의 뺨을 한 대 치고 말았다.

지금은 4차 혁명 시대로 온 지역에 CCTV가 설치된 환경이다. 분명 이러한 행동은 SNS에 유포되고, 수만 개의 댓글로 도배가 될 것이다. 그 시절이 21세기 전 단계였던 것이 다행일 정도다. 이렇게 소신이 있는 정의의 사도는 바로 올해 70세가 되시는 내 어머니시다. 남편과 자녀를 위해 고귀한 삶을 살아오신 그분의 이야기 중 가장 혈기 왕성했던 젊은 시절을 글의 첫머리로 발췌해 보았다.

요즘에는 대량으로 정보가 생산되면서 다양한 서적들이 셀 수 없이 제공되고 있다. 관심 있는 분야의 도서를 검색해 보면 다수의 책이 쏟아져 나와서 무엇을 선택해야 할지 망설여진다. 가장 빠른 판단을 하기 위해 인터넷에 게시된 후기 글들을 찾아본다. 하지만 일부 자료만으로 그 책에 대해 다 알게 되었다고 표현할 수 없다. 왜냐하면 직접 도서를 구입해서 내용을 찬찬히 읽어보면 채석장에서 보석을 캐낸 것처럼 소중한 글들이 발견되기 때문이다. 아름다우면서 우아한, 순수하면서도 귀한 언어들이 튀어나와 생각했던 이미지보다 더 빛나기도 한다.
"아! 발췌독을 하면서 전체를 이해했다고 말하는 것은 실수였구나!" 하고 깨닫기도 한다. 또한 독자로서 작가가 책을 쓴 의도와 이유를 왜곡시키면 안 된다는 작은 사명감을 갖게 된다. 사람도 그렇다. 상대방의 일부만 보고 다 안다고 말할 수 없다. 앞서 말한 어머니에 대한 짧은 에피소드가 인생의 전부라고 할 수 없는 것처럼 말이다.

어머니는 유년시절 일찍 어머니를 여의시고 할머니 밑에서 자라셨다. 엄마의 사랑을 듬뿍 받아야 할 어린 시절에 할머니의 가혹한 규칙들만 지켜내야만 했다. 밥을 먹을 때 말하지 않기, 음식 먹을 때 소리 내어 씹지 않기, 벽에 기대어 앉지 않기, 걸을 때 신발 끌지 않기 등 실수가 용납되지 않았고, 완벽만을 강요당했다. 요즘처럼 아이의 성향과 발달 수준 및 개인적인 선호도를 중요시 여기며 유연하게 대해 줄 수 있는 상황이란 기대하기 어려웠다.

어머니의 성장 과정에 안타까운 마음을 가질 수 있었던 이유는 그렇게 받아 온 육아 방침이 나에게 답습되었기 때문이다. 할머니에게 받은 어머니의 상처가 나와 남동생에게 무의식적으로 전해졌다.

아픈 감정들은 나를 소극적인 기질로 바꿔 놓았다. 다행이었던 것은 질풍노도의 시기인 중학생 시절에 '데이비드 A. 씨맨즈'의 '상한 감정의 치유'를 알게 된 점이다. 저자의 서문과 목차들은 내 마음과 일치하는 문구들로 적혀 있었다. 그중 제5장 '자존감이 낮은 사람들'이란 소제목은 가슴에 비수로 꽂혔다. 제목 한 문장만으로도 아킬레스건이 찔리는 느낌이 들다니 40이 된 지금도 그 기분을 잊을 수 없다.

이 책을 통해 제법 큰 치료를 받아서 심리와 관련된 도서를 조금 더 읽기 시작했다. 그리고 어머니의, 육아 방식의 원천을 발견할 수 있었고, 부모가 된 나에게 반면교사가 될 수 있었다. 물론 자녀를 향한 어머니의 사랑과 열정에 따라갈 수 없다. 하지만 조금 더 자율적이면서 긍정적인 육아가 필요했다. 나의 성향과 아이의 개인적인 성격을 유념해 가면서 서로 이해하고 협력해 나가는 양육자로 변해 가야만 했다.

그리고 어머니 안에 있는 '내면 아이'에 접근하며 부정적인 감정들이 치유될 수 있도록 과거 경험들에 대해 들어주고, 위로해 드리며, 격려해 드렸다. 이 과정에서 지금까지 어머니를 다 안다고 생각한 것은 나의 큰 오산이라는 점을 깨닫게 되었다.

책과 글에서 인상적이거나 중요한 부분만 읽는 방법은 독서를 시작하는 사람들에게 흥미를 유발할 수 있다. 하지만 권장하기에는 주의가 필요하다. 한 사람을 명확하게 알기 위해서는 전체를 보아야 하는 것처럼 책을 대하는 시야도 더 넓혀 가는 것이 필요하다.

책을 사랑하는 사람을 좋아합니다

나는 책을 사랑하는 사람을 좋아한다. 사랑한다는 것을 사전적 의미로 보면 아끼고, 소중히 여기며, 그것으로 즐거워하는 모습이라고 볼 수 있다.

책을 아낀다는 것은 이것을 밟고 일어서거나 받침으로 사용하지 않으며, 언제나 반듯하게 세워주는 행동이다. 책을 소중히 여김은 먼지가 쌓이면 닦아주고, 상처가 나면 정성스레 예쁜 포장지로 감싸 주는 것과 같다. 그들은 작지만 소중한 문고(文藁)를 보며 즐거움을 얻고, 환희의 결실로 타인에게 '무엇을 기여할 것인가?' 고민하기 시작한다. 그리고 어느새 어려움에 부닥친 사람들을 도와주는 일에 앞장서 있다.

2014년부터 한국독서교육신문 기자로 활동하며 '책 읽는 가족'이란 타이틀을 한 꼭지로 맡아 인터뷰 기사를 게재해 왔다. 가족들을 직접 만나서 대화를 하거나, 전화나 지문을 통해 메시지를 주고받으면서 소통했다. 먼저 추천하고 싶은 도서 세 권이 무엇인지 질문을 드리고, 목록을 받으면 그 책들을 모두 읽었다. 같은 책을 보았다는 화제를 만들어가며 이야기를 나누다 보면 훌륭한 독서토론이 되기도 한다. 많은 분과 인터뷰를 하다 보니 어느새 독서에 대한 지평이 넓어졌다. 이분들을 닮고 싶은 점도 많았는데 생각해 보면 몇 가지 공통점을 발견할 수 있었다.

첫째, 정기적으로 도서관에 가기

부모들은 자녀들에게 "책 좀 읽어라."라며 잔소리를 하지 않는다. 직접 아이의 손을 잡고 도서관에 가서 책을 고르는 방법부터 알려 준다. 정기적으로 주말이 되면 집 근처 도서관에 가서 같이 책도 읽고, 관내에서 운영하는 프로그램에 참여하기도 한다. 자녀를 위해 운영진이 되어 서가(書架)와 친숙해질 수 있도록 안내해 주기도 한다.

둘째, 꿈을 향해 나아가다.

부모는 다독을 하면서 새로운 것들을 배움에 있어 게으름을 피우지 않는다. 가르치는 일을 연구하며 글을 쓰고, 결과물을 만든다. 부모라는 이름에서 그치지 않고, 꿈을 향해 정진해 간다. 그 모습을 지켜본 자녀들은 앞으로 커서 어떤 사람이 될지 자연히 고민하며 원하는 것에 대해 책을 활용해 탐색하고 있다.

셋째 나눔을 실천하며 살아간다.

책 읽는 가족은 조충국 장군의 어록 중 "백각불여일행(百覺不如一行)'이라는 명언처럼 "백 번 깨우침보다 한 번의 실천이 좋다."라는 뜻에 부합한 삶을 영위하고 있었다. 즉 책을 읽고 깨우치기만 한 것이 아니라 어려운 이웃을 위해 나눔을 실천하는 삶을 지향하고 있었던 것이다. 그들은 독서를 할 때 문장 하나하나를 세밀하게 읽어가면서 뜻을 헤아리고, 마음에 새겨서 사회적으로 선한 영향력을 끼칠 수 있는 씨앗을 품었던 것이다. 그들에게 정독은 잠자고 있던 기부의 마음을 깨우는 알람시계와 같았다.

숭실대 중소기업대학원 독서경영전략학과 김을호 교수님은 "Read for action! 실천 없는 독서는 죽은 독서다!"라고 전하신다. 책 읽는 가족은 기부라는 행동으로 진정한 독서인이라는 것을 증명해 보였다.

나는 책을 사랑하는 사람을 좋아한다. 이들을 따라가다 보면 긍정의 미소와 함께 행복이 발견된다. 실수하더라도 다시 일어설 때까지 기다려주고, 희망을 심어주며, 격려의 박수를 아끼지 않는다. 책 읽는 가족들이 나에게 그러한 존재가 되어 주셨다.

작가 임신

"지금 아기가 자궁에서 착상 단계인 느낌이에요."
"임신했어요?"
"네! 작가 임신이요!"

나는 지금 심장이 가볍다. 떨리기도 하면서 설레고, 붕 떠오르는 느낌이 들면서도 긴장된다. 하늘로 날아갈 듯 기쁨이 가득하지만 소문이라도 나면 될 일도 안 될까 봐 조심스레 마음을 안정시키는 중이다. 이런 증상이 나타난 이유는 대학원 동기들과 공저에 나섰기 때문이다. 수년간 마음에 품어 온 꿈과 목표가 이루어지려는 초기 단계로 마치 임신 1주 차에 들어선 예비 엄마가 된 것 같은 기분이다.

공동저서 작업에 첫발을 내디디면서 스스로 질문을 던졌다.

"글을 잘 쓰려면 어떻게 해야 할까?"

그 해답을 100권의 책을 출간한 김종원 작가님의 강의에서 발견했다. 작가님은 '괴테와의 대화'를 15년간 재독했다고 밝혔다. 반복해서 읽은 이유가 책 안에 있는 글을 자신의 것으로 '변주'해야 하기 때문이라고 했다. 연설 내용 중 인상 깊었던 부분을 나의 해석으로 옮겨 본다.

문장 하나에 사색으로의 여행을 떠날 수 있어야 하며, 사색 이후에는 자신의 이야기를 담은 글을 쓸 줄 알아야 합니다. 15년 동안 괴테의 책을 들고 있으면서 지금의 저는 하루에 50페이지의 원고를 작성하고 있습니다. 독서를 처음부터 끝을 보아야 한다는 생각으로 읽는 것을 권장하지 않지만 책을 펼치는 순간을 늘 놓쳐서는 안 됩니다.

나도 한 권의 책을 보고, 또 보면서 필사까지 마친 도서가 있다. 처음에는 30번까지 재독을 해내겠다는 목표를 세웠다. 뜻은 헤아리지 않은 채 "흰색은 종이요, 검은색은 글자"라는 말처럼 책 위에서 눈동자만 운동시키고 있었다. 하지만 가장 중요한 과정을 빠뜨렸다. 바로 사색이다. 독서를 하면서 작가의 생각과 마주하는 순간과 '이 문장은 왜 이렇게 표현했을까?'와 같은 의

문을 갖는 시간을 놓쳤던 것이다.

 등산가 에드먼드 힐러리는 "우리가 정복하는 것은 산이 아니라 우리 자신이다."라고 말했다. 독서도 마찬가지다. 책자에서 정복해야 할 부분은 완독이 아니라 글의 내용을 거울삼아 스스로를 자세히 들여다볼 수 있는 안목을 가져야 하는 것이다.
 신영복 선생님은 "독서는 새로운 탄생"이라고 하셨다. 텍스트를 읽고, 필자의 생각을 읽으며, 최종적으로 독자 자신을 읽어야 한다고 가르치셨다.
 우선 독서 습관을 고쳐보기로 했다. 감명 깊은 문장을 포스트잇에 그대로 옮겨 적어서 책 사이에 붙여 놓고, 언제든 쉽게 찾아볼 수 있도록 표시해 두었다. 필자의 생각을 파악하고, 자신을 돌아보며 삶에 어떻게 적용하고 새길 것인지 분석했다.
 주변을 둘러보면 글 향기를 뿜어내는 사람들이 많다. 글귀를 읽다 보면 이건 '갖고 싶다.'라는 생각을 갖게 하는 작품들이 눈에 띈다. 그 안에는 세 가지의 공통점이 있다.

 첫째, 단어선택에 내공이 있다. 끊임없이 언어의 뜻을 연구한 노력이 보인다.
 둘째, 인생에서 아팠던 경험들이 담겨 있지만 그 순간을 딛고 일어서는 의지가 담겨있다.

셋째, 필체와 구성이 정갈하고, 아름다워서 그 사람의 인성이 느껴진다.

이러한 이유로 읽고 있는 사람을 선한 마음으로 변화시켜 주기 때문에 간직하고픈 소망을 갖게 한다. 앞으로 글을 잘 쓰기 위해 재독을 통해 사색을 착상시키고, 마음을 움직이는 문장들을 탄생시키도록 연구에 매진할 것이다.

환청

　　신혼 초에 화장대에 앉아서 출근 준비를 하는데 부엌에서 "경진아, 밥 먹어!"라는 소리가 들렸다. 뒤를 돌아본 순간 부엌에는 아무도 없었다. 환청이었다. 아침마다 나를 깨우시던 엄마의 목소리가 생생하게 귓가에서 맴돌았다. 30년 가까이 매일 아침 듣던 엄마의 음성이 환청으로 들렸던 것도 결혼 후 살림에 홀로서기를 해야 한다는 스트레스를 받아 작용한 것이다. 물론 신혼이라는 설렘과 기쁨도 가득했지만 부모님의 그늘을 벗어나 새로운 환경에서 하루를 시작해야 하는 것이 매우 낯설게 느껴지기도 했다.

　한 톨의 쌀알은 햇빛과 달빛, 비바람과 눈보라를 겪어내어 그 안에 온 우주가 담겼다는 말이 있다. 엄마의 "밥 먹어."라는 한 마디는 나에 대한 모든 사랑이 축약되어 담겨있는 것과 같이 느껴졌고, 그리워졌다. 아침마다 일정한 시간에 귀로 전해 들었던 말이 실제 육성처럼 들렸던 경험은 나에게 큰 이슈로 남아있다.

2006년에 저자 에모토 마사루는 '물은 답을 알고 있다'라는 글에서 물의 결정체가 언어의 영향을 받아 모양이 달라진다는 사실을 과학적으로 증명했다.

"물은 긍정적인 말과 부정적인 말에 따라 아름답거나 추해진다."라는 이론을 내세운 것이다. 물론 이러한 실험의 요지는 고유한 파동과 주파수에 무게가 실려 있지만 말에 힘이 실려 있다는 것을 간과할 수 없다. 이러한 근거로 일상에서 가족들과 함께 나누는 대화의 중요성을 다시 한번 떠올려 본다.

하루는 딸이 학교에서 친구들 때문에 너무 괴로워서 울고 있었다. 사연을 듣고, 위로해주며 오선화 작가님의 '엄마의 포옹기도'를 펼쳐서 낭독해 주었다. 듣고 있던 딸은 스르르 잠이 들더니 푹 자고 일어나서는 "엄마, 나 정말 편하게 자다 일어났어."라고 말했다. 이 사건을 발단으로 자녀들이 장성하여 중·고등부가 되어도 옆에서 책을 읽어주는 것을 게을리 하지 않았다.

실제로 '하루 15분, 엄마가 읽어주는 책이 아이의 두뇌를 깨운다'의 저자 '짐 트렐리즈'는 아이가 뱃속에 있을 때부터 열네 살이 될 때까지 책을 읽어 주는 것이 좋다고 했다.

"부모가 책 읽어 주는 시간을 즐거운 경험으로 받아들일 때 아이는 책과 즐거움을 연관시키게 되고, 자연스럽게 책을 가까이하게 된다. 학습 능력이 급격히 향상되어 좋은 대학에 진학하고 사회적으로 성공할 확률이 높아진다."라는 것을 연구 결과를 통해 증명했다.

나는 요즘 아이들이 잠들기 전에 성경 속 잠언을 한 장씩 낭독해 준다. 가끔은 바빠서 못 읽어 줄 때는 막둥이가 성경책을 꼭 끌어안고 잠이 들고는 한다. "활자 없이 귀로 전해 듣기만 해도 좋은 우리 입말로 풀어내는 과정"은 이처럼 중요하다는 것을 깨닫는다.

지난날 엄마의 입말에서 나온 "경진아 밥 먹어."라는 매일의 과정은 당이 떨어질 때마다 한 조각씩 꺼내어 먹는 달달한 초콜릿과 같은 추억으로 남아 있다. 그리고 이 소리의 파동은 오늘 나의 자녀들에게 똑같이 전달이 된다.

"예은아~ 남인아~ 남준아, 밥 먹어~!"

턴테이블을 찾아서

　　　　　종로 젊음의 거리에는 어학원이 많아서 일본어를 좋아하던 나에겐 즐거운 배움터가 되었다. 결혼 전에는 새벽반이든 저녁반이든 수강 신청을 하며 나름 열심히 다녔는데 언어 실력은 늘 제자리였다. 시간이 흘러 결혼 후 성인 미술 학원에 등록하러 이 거리를 다시 밟게 되었다. 일주일에 한 번 3시간 동안 미술 수업을 받으면서 가끔 7층 창문 밖으로 시원한 청계천 물줄기 소리와 예쁜 돌담길로 사람들이 오가는 모습을 보고 있으면 마음에 안정감이 스며들었다.

　　커다란 유리창 너머로 계절에 따라 장맛비가 쏟아지거나, 함박눈이 내리는 날이면 절경에 한동안 넋을 잃기도 했다. '도시가 이렇게 예뻐 보일 수도 있구나!'라는 생각과 함께 빼빼한 건물이 들어선 종로에 대한 기억이 아름다운 추억으로 남겨졌다.

수업을 마치고 청계천 길을 따라 혜화역까지 걷는 것을 좋아했다. 여기저기 구경할 것들이 너무 많았기 때문이다. 그러다 종로 3가에서 작은 레코드 가게를 발견했는데, 청소년기에 "경진아! 난 클래식 음악이 좋더라." 하고 턴테이블에 레코드를 얹으셨던 엄마의 모습이 생각나서 상점에 냉큼 들어섰다. 빨간 전화 부스가 입구 중앙에 설치되어 있어서 그것만으로도 레트로 감성이 물씬 풍겼다. 부스 안에서 헤드폰으로 음악 감상을 할 수 있다지만 포토 존으로 세워 놓은 듯하다. 언젠간 그 안에 서 있는 모습으로 사진 한 장을 꼭 남기겠다는 생각도 했다. 수많은 레코드를 보면서 엄마가 모아 두셨던 LP를 한 장이라도 남겨 둘 걸 후회가 밀려왔다.

'그래, 이제부터 한 장씩 모아보자!'라고 다짐하며 그달에 영화로 유명했던 보헤미안 랩소디 음반을 단번에 집어 들어 계산을 했다.

"턴테이블도 없이 레코드판을 먼저 샀다고?"

지인들의 놀란 표정에 나는 아랑곳하지 않고, 더 멋진 음악의 세계로 입문하기 위해 마포에 있는 '바이닐 마니아들의 성지'로 향했다. 그곳에서 미국의 재즈 음악가이자 트럼펫 연주가인 쳇 베이커의 LP도 손에 넣었다. 한 장, 두 장 레코드판을 모아가면서 여전히 튼튼하고 오래 간직할 수 있는 턴테이블을 찾고 있는 중이다.

나의 다독은 이와 같이 한 권씩 두 권씩 유행하는 장르에 따라 책을 골라 읽다가 몰입도가 높아질 때에 문학의 거장들을 알게 되면서 선택의 폭이 넓어졌다. 그중 인상에 남는 대문호는 박완서 작가님과 레프 톨스토이라고 말하고 싶다. 그 이유는 박완서님의 신작 '나목' 외에 다수의 소설을 읽으며 작가의 꿈을 꾸기 시작했기 때문이다. 톨스토이는 그의 평전과 작품들을 보면서 작가와 현실의 삶은 어떻게 구분되는지 체득했다.

　다독의 경지에 이르려면 아직도 갈 길이 멀다. 그래서 종로를 내 평생 책의 수집 장소로 정했다. 교보문고와 종로 서적, 영풍문고, 알라딘 중고서점 등을 전전하며 도서와 함께 좋아하는 음반도 모으러 다닐 것이다. 참고로 최근 이 근처에 일자리를 구했다. 업무를 마치고 나오는 길에도 '책과 음악'을 놓치지 않겠다는 반사적 행동으로 보인다. 다독과 예술을 향한 발걸음은 종로라는 턴테이블에서 무한 반복될 것이다.

나는 글을 쓸 때 가장 행복하다

'그저 바라만 보고 있지~ 그저 속만 태우고 있지~
늘 가깝지도 않고 멀지도 않은 우리 두 사람~'

이른 아침 딸의 발레 수업 등록을 위해 집 근처에 있는 스포츠 센터에 들어섰다. 중앙 데스크에서 접수를 하고 있는데 등 뒤에서 나미 가수의 '빙글빙글' 노래가 들려왔다. 동시에 리듬과 박자에 따라 여성들의 큰 구령 소리가 났는데 무슨 일인지 궁금해서 그곳으로 시선을 돌렸다.

유리문 너머로 40명 정도 되는 인원이 역동적으로 에어로빅을 하는 모습이 보였다. 강사를 따라 알록달록한 운동복을 입고 사람들이 힘차게 몸을 움직이는 장면을 바라보며 '나도 인생이 저렇게 경쾌했으면 좋겠다.'라는 생각을 했다. 순간 망설일 필요가 뭐가 있나 싶어서 바로 수강신청을 했다.

　꾸준히 배우러 다닌 에어로빅은 나에게 행복을 주었다. 그 이유는 운동에 집중하다 보면 모든 잡념이 사라지고, 스트레스가 풀렸기 때문이다. 귀갓길에는 몸과 마음이 가벼워진 느낌에 콧노래가 자연스럽게 나오면서 힘들게만 느껴졌던 집안일도, 육아도 즐거운 마음으로 할 수 있었다.

　삼성서울병원 스포츠의학센터에서는 운동의 필요성 중에 "운동을 통해 향상된 삶의 질을 얻을 수 있다."라고 전했다. 이것은 스트레스를 줄여주고, 기분을 좋게 해주며 깊은 수면을 할 수 있도록 도움을 주기 때문에 삶의 만족감을 높여 준다는 이론이다.

　이와 같이 나에게 행복을 주는 것이 또 있다. 바로 글쓰기다.

　나에겐 글을 쓸 때 행복한 순간이 찾아온다. 책을 펼쳐서 정보를 찾고, 사색하는 과정에서 좋은 것들이 차곡차곡 쌓아 올리는 기분이 들어서다. 생각하는 대로 글발이 나오지 않을 때도 있지만 연구하고, 수정하는 과정이 솜사탕을 먹는 것처럼 달콤하다. 아니 달콤하다 못해 늘 글이 고파진다.

　유년 시절 나의 아버지는 매일 수첩에 짧은 일기를 쓰셨다. 나는 그런 아버지의 글을 몰래 읽는 재미에 빠지기도 했다. '외상값 받음', '아들 입대', '영어 단어 5개 외운 날', '경진이 남자친구 본 날' 등 아빠의 글을 찬찬히 읽다가 내 이름이 보이면 무척 설렜다. 다음에는 어떤 이야기로 내가 등장할지 은근히 기대했다. 그 시절 아버지의 글을 먹고 자란 나는 쓰기의 소중함을 알아가고 있었다. 지금은 결혼 후 분가한 상태라 아버지가 일과를 쓰시는 모습도, 일기를 몰래 보는 재미도 사라졌다. 어쩌면 가끔 글이 고파지는 이유가 아버지의 글이 그리워서 일어나는 금단현상과 같다는 생각이 들었다. 그 허기짐을 달래기 위해 이제는 직접 한 문장씩 심어가자는 다짐으로 작문을 하다 보니 주로 새벽이 되면 주제들을 떠올린다. 이러한 감성 폭발은 마치 수면 아래에서 호흡을 끝까지 참아내다가 결국 견디지 못해 물 밖으로 숨을 '좌아' 하고 뿜어내는 것 같은 현상처럼 밀려온다. 그럴 때면 이불을 박차고 일어나서 글을 써야 하는데 망설이면서 잠들 때가 많다.

버지니아 울프는 "글쓰기는 신성한 예술이고, 쓰고 읽을수록 더 좋아진다."라고 말했다. 앞으로 나는 그저 종이만 바라만 보고 있거나, 쓸까 말까 속만 태우거나, 글쓰기와 늘 가깝지도 멀지도 않은 애매한 사람이 되지 않을 것이다. 신성한 예술을 만들어가는 행복한 작가가 되기 위해 새벽감성의 글쓰기는 계속될 것이다.

사람들은 저마다 자신의 마음을 그림으로, 노래로, 운동으로, 요리로 표현한다.
글을 쓰는 사람은 글로 자신을 풀어낸다.
책을 낸 사람이 작가가 아니라 매일 글을 쓰는 사람이 진정한 작가다.

김혜경

펀펀힐링센터 센터장, 책 쓰기와 독서 코칭, 푸드테라피, 부모교육 전문가, K클래스 강연('감정코칭과 공감대화'), 아침마당 출연('내 아이를 이해하는 길'). '암, 내게로 와 별이 되다', '책쓰기의 진실', '디지털의 힘' 등 10여 권의 저서가 있다.
현) 교육청 인가 한국평생교육원 강사
현) 한국상담협회 강사
현) 한국인재개발원 강사

지금 빅토리아 폭포를 만나러 갑니다

<u>어릴 적 우리 집에는</u> 널찍한 뒷마당이 있었다. 소꿉놀이하기 딱 좋은 장소였다. 이 빠진 그릇들을 모아 들꽃이나 풀들을 꺾어 찧기도 하고, 마당에서 주운 예쁜 돌멩이를 주워 밥이나 반찬을 만들었다. 채송화, 메리골드, 애기똥풀 등 여기저기 핀 꽃들 사이를 뛰어다니며 예쁜 색을 내느라 바빴다.

친구들과 엄마 아빠 놀이를 많이 했는데, 나는 주로 아빠 역할을 했다. 말괄량이 삐삐, 선머슴, 털팔이, 봇대, 해팔이 등 대부분 마음에 들지 않았지만, 별명이 많았다. 그냥 친구가 좋고, 이것저것 별칭을 불러주는 것도 좋았다. 내가 인기가 있나 보다 착각을 하며 살았다.

겨울철이 되면 그 뒷마당은 동네 아주머니들이 오셔서 김장하는 곳이었다. 커다란 평상 위로 엄청 큰 시뻘건 고무대야에

숨죽인 배추들이 척척 늘어졌고, 빨갛게 고운 색이 입혀지면 오가며 배추 찢어 먹는 맛이 아주 좋았다.

뒷마당 입구로 나가는 좁은 출입문에 앉아 곧잘 책을 읽었다. 길게 다리 뻗고 앉아 탁 트인 뒷마당 사이로 비치는 하늘을 바라보며, 살랑대는 바람을 맞으며 책 읽기를 좋아했다.

내가 언제부터 책을 좋아했는지는 모르겠다. 교육열이 높았던 부모님이시라 집에 책이 많았다. 어떤 책 파는 아주머니에게 자식 잘되라는 말로 홀딱 넘어가신 건지는 모르겠지만, 어느 날 백과사전을 비롯해 위인전기, 만화로 보는 역사 이야기, 세계문학전집 등등 좁은 거실 한쪽에 책이 빼곡히 들어섰다. 누구인지 기억나지 않지만 지금 생각하면 그 책 파는 아주머니께 감사드린다. 책이 친구가 되기 시작한 것은 아마 그때부터였던 것 같다.

부모님은 책 읽기를 강요하지는 않으셨지만 뭔가 우리를 위해 거창하게 장만해 주셨는데, 조금이라도 효도를 해야 한다는 생각이 들어 한 권, 두 권 읽기 시작했다. 어린 나이에 본전을 생각한 것인지도 모르겠다. 무엇보다 전집 시리즈를 한 권, 두 권씩 떼는 기쁨이 컸다. 그때부터 낮에는 친구랑 놀고, 친구가 없는 시간에는 혼자 책을 읽었다. 책 읽고 있으면 엄마 아빠가 엄청 칭찬을 해주셔서 그 맛에 또 열심히 읽었다.

특히 위인전기 읽는 것을 좋아했다. 책 속에서 만나는 위인들이 어쩜 그리 다 멋있는지. 힘든 위기도 지혜롭고 용기 있게 헤쳐 나가는 모습도 좋았다. 나도 막연히 훌륭한 사람이 되어야지 하고 꿈을 꾸기도 했다. 세종대왕, 유관순, 퀴리 부인, 헬렌 켈러 등 동서양의 많은 위인들을 만났다.

초등학교 기억인데 그때 감명 깊게 읽은 책이 '리빙스턴' 위인전이었다. 영국의 선교사이자 탐험가이다. 유럽인으로 처음으로 아프리카를 횡단한 사람이며, '남아프리카 전도 여행기', '잠베지강과 그 지류 탐험기' 등 책을 썼다. 아프리카 남부의 빅토리아 폭포도 처음으로 발견한 사람이기도 하다. 그때는 선교사라는 관점보다 탐험가이자 노예제 폐지 운동가로서의 삶이 멋지고 훌륭한 사람이라고만 생각했다.

아주 오랜 시간이 지나 대학생 때 어느 수련회에서 여러 선교사님들의 이야기를 듣다가 우연히 "리빙스턴 선교사" 이야기를 들었다.

'어디선가 많이 들은 익숙한 이름인데, 어디서 봤더라! 아, 그 사람이 바로 내가 초등학교 때 읽은 그 탐험가였구나!'

그 사실을 알고 혼자 전율을 느꼈다. 어렴풋이 기억에 남는 나의 인생 첫 책이 초등학교 때 읽는 '리빙스턴 위인전기'라니……. 선교적 관점보다 사회운동가, 탐험가로서의 삶만 조명해서 선교사라는 사실은 전혀 인식하지 못했다. 어쩌면 그때는 신앙생활을 제대로 하지 않아서 선교적 관점도 전혀 보지 못했고, 출판사의 의도도 그냥 탐험가로서만 조명한 듯하다.

지금 내가 목회자 아내의 길을 걷는 것도 어찌 보면 하나님의 큰 그림일까? 내 인생 기억 속의 첫 책이 바로 선교사의 위인전기였다. 감히 선교사의 발자취를 따르는 삶 근처에도 못 가지만 같은 하나님의 사역자의 길을 걷게 하신다는 것에 놀랍고 감사하다.

탐독의 사전적 의미는 '글이나 책 따위를 유달리 즐겨 읽다.'이다. 나의 탐독은 전집 시리즈로 어느 아주머니가 주신 위인전기부터 시작되었다. 밥 먹다가도 책을 읽고, 책을 읽다가도 친구가 부르면 곧장 뛰어나가 놀았다. 뒷마당에서 바라본 붉게 물드는 저녁노을, 겨울이면 꽁꽁 언 금호강에서 신나게 타던 썰매, 학교 운동장에서 땅거미가 질 때까지 손이 새까맣게 되도록 한 뼘이라도 더 가지려고 작은 손가락을 벌였던 땅따먹기! 운동장 바닥에 나뭇가지로 그려 놓은 오징어 가생, 십자가생, 셔츠가 다 뜯겨 엄마에게 혼도 많이 났지만 자연과 친구와 놀이는 내 인생의 큰 자산이 되었다. 책을 만난 이후는 책이 또 하나의 친구이자 위대한 스승이 되었다.

2년 2개월에 걸친 숲에서 혼자 기록을 정리한 '월든'의 저자인 헨리 데이비드 소로는 "얼마나 많은 사람들이 책 한 권을 읽음으로 새로운 전기를 맞이했던가?"라며 책 한 권의 영향력을 이야기했다. 1854년에 쓴 그의 책 '월든' 역시 이후 시대의 시인과 작가에게 큰 영향을 주었다. 그의 일생은 물욕과 인습의 사회 및 국가에 항거하여 자연과 인생의 진실에 관한 과감하고 성스러운 실험의 연속이었다.

 노예제도와 멕시코 전쟁에 항의하기 위해 홀로 월든의 숲에서 작은 오두막을 짓고 살기도 했으며, 후에는 노예 해방 운동에 헌신하였다. 그의 정신은 마하트마 간디의 인도 독립운동과 킹 목사의 시민권 운동 등에 사상적 영향을 주었다. 철학자이자 시인, 수필가인 헨리 데이빗 소로우는 책 한 권으로 새로운 전기를 맞이했고, 그 역시 그의 책으로 인류에 수많은 영향력을 끼쳤다.

 그림책 이후 내 인생 첫 책으로 기억되는, 무심결에 읽었던 리빙스턴 선교사의 위인전기! 단 한 번도 만나본 적은 없지만 내 마음의 위인으로 자리 잡고 있는 탐험가이자 선교사인 리빙스턴! 언젠가 리빙스턴 선교사가 발견한 빅토리아 폭포를 꼭 가보고 싶다. 배낭 하나 훌쩍 둘러메고 "지금 빅토리아 폭포를 만나러 갑니다." 하고 외치며, 아프리카로 날아갈 꿈을 꾼다. 빅토리아 폭포 옆에서 2년 2개월 살며 마음껏 탐독을 누리며, 제2의 '월든'을 쓰고 싶다는 행복한 꿈도 감히 꾸어 본다.

너, 딱 걸렸어

며칠 전 병원에 갔다. 10년 전 유방암 투병을 했다. 일 년에 한 번 종합검진을 받고, 한 달에 한 번 호르몬 약 처방을 받으러 간다. 일명 항암제다. 이제 잊고 살만한데, 약 받으러 병원을 가면, '아, 내가 암 환자구나!' 하고 새삼 끈질긴 놈의 위력을 느낀다. 그런데 병원에 들어서자마자 '앗, 이런 마스크!' 하고 주위를 둘러보니 모두 마스크! 나만 안 했다. 지난 달도 그랬는데, 이번 달도 깜빡했다. 얼른 차 안을 샅샅이 뒤져 어딘가 남아있는 마스크 한 장을 간신히 찾아내어 귀에 걸고 후다닥 다시 병원으로 뛰어갔다.

온 세상이 마스크 천지인 시대가 있었다. 바로 코로나19! 어느새 영화 속 한 장면처럼 떠올려지지만, 온종일 답답한 마스크를 쓰고 사람을 만나고, 강의를 해야 했다. 처음엔 숨도 안 쉬어지고, 발음 전달도 안 되는 듯하고, 여간 귀찮은 것이 아니었다. 더구나 안경이 필수인 나는 말할 때마다 김이 뽀글뽀글 올라와 안경을 뿌옇게 만들어서 정말 번거로웠다. 그러나 사람은 적응의 동물, 어느새 요령도 생기고, 김 서림 방지 안경닦이도 생기고, 점차 익숙해졌다. 때로는 마스크 하나 썼을 뿐인데, 무언가 감추고 나를 다 드러내지 않아도 되는 묘한 안도감도 느껴 좋았다.

2020년 새해, 암 투병 6년 차 드디어 유방 복원수술을 했다. 남은 인생 좀 더 예쁘게 살아보려고……. 그러나 컵 사이즈를 좀 더 늘려 보려는 나의 야심찬 계획은 참담했다. 항암보다 더 아프기만 하고 수술 결과는 뭐 그저 그랬다. 역시 하나님은 중심을 보신다 했는데, 내 욕심만 과했나? 그래도 해봤다는 것에 후회는 없다. 이제 내 몸도 차차 좋아지고 슬슬 강의 요청 시즌이 다가왔다. 그러나 봄이 되어도, 여름이 다가와도 불러주는 곳이 없었다.

'어, 이거 심상찮은데…….'

수술비도 충당해야 하고 이젠 뛸 만한 시즌이 되었건만 강의 시장이 꽁꽁 얼어붙었다. 아직 내 몸도 돌봐야 한다는 핑계로 밀린 드라마만 보고 있는데, 불쑥 나를 지켜보던 아들이 한마디 했다.

"엄마, 매일 TV 앞에서……. 정말, 실망이야! 이럴 때 엄마 좋아하는 글을 써, 글을!"

마치 하나님이 아들 입을 통해 하시는 말씀 같았다. 정신이 번쩍 들었다. 2014년 암 투병을 하며 그때 모은 생각들과 기록들로 2015년 '암치유, 맘치유'란 첫 개인책을 썼다. 그 이후 5년이 흘렀고, 개정판을 내야겠다고 생각했지만 늘 바쁘다는 핑계로 미루었다. 강의가 뚝 끊긴 코로나 기간이 최적의 시간이라 생각했고, 다시금 개정판을 내게 되었다.

코로나가 아니었다면 밀린 일에 치여 개정판을 쓰는 일은 마음의 숙제처럼 남아 있었을 텐데, 코로나 덕분에 책 쓰기에 몰입할 수 있었다. 그 바람에 두 번째 책 '암, 내게로 와 별이 되다' 개정판을 내었다. 첫 책보다 더 풍성하고 깊이가 있고, 재미와 감동이 있다고 많은 분들이 좋은 피드백을 주셨다. 수고의 보람이 느껴져 감사했다. 출간 후 불쑥 누군가의 한마디.

"저도 선생님처럼 책 쓰고 싶어요. 책 쓰기 강의해 주세요."
"아공, 제가 베스트셀러 작가도 아니고, 책 쓰기 강의는 좀……."
"아니에요. 베스트셀러 작가보다 초보가 왕초보를 가르친다는 마음으로 강의해 주세요. 오랜 강의 경력이 있으니 금방 책 쓰기 강의도 잘하실 거예요."

그 말 한마디에 용기를 얻어 나름 유명하다는 책 쓰기 책을 왕창 사 모았다.

　책 쓰기 강의 선포한 날은 다가오고 읽어야 할 책들은 많았다. 일단 핵심 내용만 추려서 읽고 내 경험을 녹여 강의안을 만들었다. 틈틈이 운전하며 유튜브 영상의 책 쓰기 강연도 듣고, 한때 유행한 오픈 채팅방의 강연도 많이 들었다. 듣고 본 내용을 내 것으로 소화하며 정리를 했다. 대부분 책들을 정독하려고 애썼지만, 시간 싸움에는 발췌독을 할 수밖에 없다. 더구나 다양한 책들을 통해 내게 필요한 것만 찾아내려면 발췌독이 필수이다.

　예전에는 뭔가 필요한 것만 쏙쏙 빼먹는 발췌독은 왠지 양심상 찔린다는 생각을 했지만, 지금은 생각이 많이 바뀌었다. 과거 10년의 정보가 지금은 하루의 정보의 양과 같다. 정보 홍수 시대, 이젠 적절히 챗GPT에게 도움을 구해 처리하기도 한다. 발췌독이야말로 쏟아지는 정보화 시대에는 지혜로운 독서법이기도 하다. 특히 과제하기에는 발췌독이 딱이다.

　아무리 두꺼운 책이라도 핵심 내용을 간추리면 그리 많지 않다. 그 핵심을 꿰뚫어 뽑아내는 것이 지혜이자 독서력이다. 나의 발췌독의 본격적인 습관은 코로나 기간, 갑자기 요청된 책 쓰기 강의를 준비하며 시작되었다.

　그 이후 군 부대 독서코칭을 시작하며, 거의 매번 책을 다 읽지만 어쩌다 급하게 다 읽지 못하는 일도 발생했다. 깊이 읽고 저자의 생각과 포인트를 잘 전해주어야 하지만, 요즘은 내가 떠먹여주는 독서코칭이 아닌 병사들이 스스로 핵심 주제와 소그룹 활동으로 서로 공감하고, 책의 핵심과 적용을 찾도록 도와주는 역할로 많이 바뀌었다. 오히려 그 책과 관련된 다른 책과 연결 짓도록 도움을 주기 위해 발췌독을 하기도 한다.

하지만 발췌독은 쉽지 않다. 일단 책을 쥐면 처음부터 쭈욱 읽는 것이 몸에 배어서 핵심만 딱 챙겨 본다는 것이 여간 쉬운 일은 아니다. 출판업계나 기자들, 하루에도 쏟아지는 수백 종의 책과 기사들을 봐야 하는 사람들, 기업의 CEO, 교수, 세상의 트렌드를 읽는 분들은 거의 이 발췌독을 한다.

세상은 넓고 할 일은 많다. 그러나 사람의 역량은 한계가 있다. 시간도, 건강도 제한적이다. 모든 음식을 다 먹을 수는 없다. 건강하고 맛있는 것만 쏙쏙 먹자. 모든 사람을 내 친구로 만들 수는 없다. 아무리 친절해도 사기꾼은 멀리해야 한다. 모든 책을 다 읽을 수는 없다. 내게 필요한 부분만 쏙쏙 골라 먹자. 그리고 부지런히 배운 지식이 고이지 않도록 재가공해서 열심히 나누자.

"너, 딱 걸렸어!"

누군가 쏙쏙 빼먹을 수 있는 알맹이를 많이 만드는 사람이 되면 좋겠다.

처음부터 봐야 제맛이지

　　에이브러햄 링컨은 "나무를 베는 데 6시간을 준다면, 4시간은 도끼날을 가는 데 쓸 것이다."라고 했다.

　무작정 도끼만 들고 나무를 벤다고 많은 나무를 베는 건 아니다. 그만큼 보이지 않는 준비의 시간이 필요하다는 이야기다.

　각자 삶 속에 이런 도끼를 가는 시간이 있을 것이다. 독서가 어쩌면 인생의 도끼를 가는 시간일 수 있다. 보기에는 당장 아무런 효과가 나타나는 것 같지 않지만, 꾸준한 독서습관은 수천 년의 지혜를 얻을 수 있는 가장 좋은 방법이며, 커피값 한 잔으로 누군가의 전문성을 사며, 어찌할 바 모르는 방황하는 인생의 길잡이가 되어주고, 친구가 되어주고, 바른 방향을 제시하는 나침반이 되어주기도 한다.

　'성공하는 사람들의 7가지 습관'에서는 긴급성과 중요성을 따라 일의 순서를 정하라고 한다. 그중 당장 긴급해 보이지 않지만 중요한 것 중의 하나가 바로 이 독서다. 독서한다고 혹은 하지 않는다고 당장 무슨 일이 생기는 것은 아니다. 하지만 분명히 도끼날을 가는 사람과 같지 않고 그냥 무딘 날로 계속 도끼질하는 사람과는 시간이 지날수록 엄청난 차이가 난다. 어찌 보면 보이지 않게 밭을 일구고 씨앗을 뿌리는 행위가 바로 독서이다. 당장 열매가 나타나지 않지만 시간이 지나면 꽃이 피고 열매는 맺는다.

책을 읽는다고 다 성공하는 것은 아니다. 하지만 성공한 사람들은 모두가 독서광이라는 말이 있다. 책을 읽는다는 이야기 속에는 대부분 이 정독을 뜻한다.

남편과 나는 가끔 드라마나 영화를 즐겨 본다. 우선 감정이 입이 쉽고, 책만큼 노력을 하지 않아도 자연스럽게 눈길이 간다. 요즘은 채널도 어찌나 많은지 골라가며 드라마나 영화를 보기도 하고, 제목만 검색해도 보고 싶은 영화도 쉽게 볼 수 있다.

우연히 TV를 켰는데 영화가 한창 시작된 거면 나는 잘 보지 않는다. 앞뒤 문맥 모르고 보는 것이 어렵게 느껴지고, 모든 드라마나 영화는 꼭 시작부터 봐야 마음이 편한 스타일이다. 반면 남편은 아무 채널이나 틀어서 그 순간 그 장면에 몰두해서 거기서부터 봐도 전혀 마음이 불편해하지 않는다. 우리 부부는 다른 점이 정말 많은데 책이나 영화 보는 스타일도 다르다. 정반대 스타일로 짝을 지어 주신 듯……. 신혼 초에는 그것 때문에 힘들었는데, 어느 정도 적응되고 나니 이제는 달라서 좋다.

영화나 드라마뿐 아니라 책도 그렇다. 처음부터 봐야 마음이 편하다. 작가가 왜 이 책을 쓰기로 했는지 서문부터 목차, 내용 등 차례차례 정독을 해야 편안하다. 게다가 공감 가는 구절이나 좋은 문장에는 밑줄도 쫘악 긋기도 하고, 저자의 생각과 다른 부분에는 여백에 내 생각을 써 놓거나 격하게 공감하는 구절에는 별도 그려 놓기도 한다. 책에 줄을 긋는 행위는 뇌에 밑줄을 치는 행위와 같다.

사람마다 책을 보는 습관도 다른데 나는 책을 들면 일단 펜을 들고 읽는다. 한 줄의 좋은 문장은 마치 보석을 발견하는 일과 같다. 그런 날은 가슴이 설레고 종일 기분이 좋다.

특히 소설은 내가 책 속의 주인공으로 풍덩 들어가 몇 날 며칠 그 세상 속에서 산다. 어느새 꺾어진 반백 년을 넘게 살아 세속이 물이 들어 현실과 분리가 잘 되지만, 감수성이 예민한 청소년 시절에는 소설책 한 권으로 새로운 세상에 들어가 내가 주인공이 된 양, 붕붕 떠다니는 기분이었다. 중세로 들어가기도 하고, 공주가 되기도 하고, 조선시대로 들어가기도 하고, 왕족도 되고 시녀도 되고, 빨강머리 앤도 되고, 하이틴 로맨스의 주인공이 되기도 했다.

책을 좋아하다 보니 명품 가방을 들고 다니는 사람보다 양서를 들고 다니는 사람이 멋져 보였고, 내가 명품이고 싶었다. 명품 가방을 살 돈이면 좋아하는 책을 잔뜩 사 놓고 읽고 싶다는 생각을 많이 했다. 값비싼 샤넬 넘버 3을 뿌리기보다 나를 만나는 사람이 나에게서 사람 사는 냄새, 따뜻한 온기 있고, 만나고 헤어지면 또 만나고 싶은 사람이 되고 싶었다. 향기 있는 사람이 되고 싶었다. 독서는 바로 그러한 삶으로 가는 지름길이 되어준다. 경솔하지 않는 삶을 가꾸어 주는 데 큰 역할을 한다.

미국 문학가인 엘리자베스 버그는 '책은 칼로리 없이 위안을 주는 음식과도 같다.'고 했다. 그녀는 어머니가 책을 읽어준 순간부터 책과 독서를 사랑하게 되었으며, 연필을 잡을 수 있게 된 순간부터 글쓰기를 좋아했다.

어느 리서치 조사에서 가장 행복한 순간은 언제인지 조사를 했을 때 1위는 바로 맛있는 음식을 먹을 때라는 이야기를 들은 적이 있다. 좋아하는 사람과 멋진 음악이 잔잔히 흐르고, 근사한 곳에서 맛있는 음식을 먹을 때, 상상만 해도 세로토닌, 도파민 등 행복 엔도르핀이 팍팍 나온다.

음식처럼 책이 그런 호르몬을 유발하지 않을까? 음식은 아무리 맛있어도 먹고 나서 후회할 때도 간혹 있지만 책은 칼로리 없이 위안을 주는 음식이라고 비유한 것이 인상적이다. 단 한 권의 책이 사람의 생각과 습관을 변화시키고 결국은 운명을 바꾸는 놀라운 힘이 있다. 그런 인생 책은 결국 정독의 힘이 아닐까? 발췌독을 통해 흥미를 느꼈다면 차근차근 마음을 다해 곱씹으면 소화하며 정성을 들여 읽는 것이 바로 정독의 맛이다.

내 삶의 루틴 중 하나는 아침에 일어나자마자 매일 성경을 한 장 읽는다. 물론 바쁘면 일과를 마치고 잠들기 전에 하기도 하지만 될 수 있으면 하루를 시작하기 전에 큐티를 하려고 한다. 하루 24시간 중 짧게는 15분, 길게는 1시간가량 매일 큐티를 한다. 큐티(Quiet Time)는 말씀을 묵상하고, 즉 정독하고 기도하는 조용한 시간이라는 뜻이다. 오늘 하루 내게 주시는 하나님의 메시지를 읽고 묵상하며, 기록하는 시간이다. 아침 일기가 되기도 하고, 하루의 삶을 맡기는 기도 시간이 되기도 한다. 이 시간을 통해 하루를 살아가는 에너지를 공급받는다.

아마 청년 때부터 시작한 이 루틴 덕분에 따로 논술 준비를 하지 않아도, 문예창작과를 전공하지 않아도 작가의 길로 가게 된 것이 아닐까? 나만의 인생 책을 정해 정독을 해보자. 책은 나의 친구가 되고 스승이 되어 새로운 길로 나를 이끌 것이다.

재독의 꿈은 필통을 타고

내가 다니는 여고는 미션 스쿨이었다. 일주일에 한 번 예배를 드리던 시간이 있었다. 그 시간에는 당시 한창 유행하던 '하이틴 로맨스 시리즈'도 즐겨 읽었다. 그러다 발각이 되면 불려 나가 혼도 나고, 벌도 서기도 했다. 그러던 중 새로운 교목 목사님이 오셨다.

"이번 주에 교회 나오는 친구는 필통을 선물로 줍니다."

"뭐, 필통을 준다고?"

순간 솔깃했다. 그때 내 필통이 다 닳았고 안 그래도 새 필통을 하나 사야지 하고 생각하고 있던 때였다. 때마침 교목 목사님이 시무하시는 교회를 다니는 친구 숙희에게 불쑥 한마디 했다.

"숙희야, 내일 너거 교회 함 갈게. 새로 오신 목사님이 교회 오면 필통 준다더라. 나 필통이 딱 필요했거든."

"우와, 혜경아! 정말 기쁘다. 그래 잘 생각했어, 꼭 같이 가자."

친구 숙희는 오랫동안 나를 전도하려고, 나를 위해 열심히 기도하던 친구였다. 사춘기 시절, 엄마를 잃고 조금씩 삐뚤어지는 나를 걱정한 건지 늘 나만 보면 교회 가자고 했다. 그런 친구를 보며 '참, 할 일도 많은 세상에 뭐 하러 교회 댕기며 저렇게 시간을 낭비하지? 그 시간에 영어 단어 하나를 더 외우던가. 하나님 믿는 인간들은 참 나약한 인간들이야. 누가 누구를 의지해? 자신을 믿고 사는 게 최고지.' 하고 생각했었다. 친구를 참 좋아했지만, 난 숙희가 열심히 교회 나가는 것이 시간을 낭비하는 일이라 생각하며 못마땅하게 여겼다.

그런 친구에게 내가 먼저 교회 가자고 하고, 친구 따라 교회를 나갔다.

여고 시절 처음 교회 간 것은 아니었다. 불교인 우리 집안에서 가장 먼저 복음을 접한 막내 고모가 6~7살쯤 어린 조카인 나를 데리고 교회를 나갔다. 엄마는 교회 가면 찬양도 배우고, 설교 말씀도 듣고, 똑똑해진다고 나를 열심히 교회 보내주셨다. 외갓집은 기독교 집안이었지만 불교 집안에 시집온 엄마는 교회를 다니지 않으셨다. 대신 불도가 센 할머니와 아버지 몰래 나만 매주 교회 다니게 했다. 크리스마스 때는 옆집 아동복 가게에 가서 예쁜 드레스까지 빌려주시며 머리도 예쁘게 묶어 주셨다.

교회는 그저 내 놀이터였다. 어느 해 성탄절에는 마리아, 요셉은 언니 오빠들이 하고, 나는 말 모양의 가면을 뒤집어쓰고 말 2 역할을 했던 기억이 난다.

"아기 예수님이 탄생하셨어!"

단 한 마디 대사였는데 내 앞뒤 대사를 하던 언니 오빠들이 내 차례를 건너뛰는 바람에, 유일한 그 한마디 대사도 못 하고, 가면 뒤에서 가슴 졸이다 연극이 끝나 버린 기억이 난다. 그러다 초등학교 5학년쯤 모든 것이 시시했고, 신을 믿는다는 것은 자신의 약한 것을 인정하고 산다는 것이라 참 싫었다. 또 흔히 말하는 예수쟁이들이 더 못 되고 이상한 아이들도 많았다. 한마디로 교회 다니는 것을 때려치웠다.

그러다 여고 시절 갑작스러운 교통사고로 엄마가 돌아가셨다. 울 아빠는 왜 그리 빨리 새 장가를 가셨는지……. 아빠도 많이 원망했다. 가장 사랑하는 사람이 죽었는데 세상은 88 서울 올림픽으로 신났고 축제 이야기로 야단스러웠다. 밤하늘의 별을 보며, 왜 사는지, 이게 인생인가? 뭐 그런 개똥철학을 논하며 점점 삐뚤어지고, 세상 사는 것이 다 귀찮고 무의미하게 느껴졌다.

그런 찰라, 필통 준다는 그 단순한 말 한마디에 친구 따라 긴 방학을 마치고 다시 교회를 나갔다. 약속대로 필통을 선물로 받았다. 아, 그런데 필통만 받고 안 나가야지 했는데 왠지 필통만 받고 땡! 치기엔 사람이 좀 치사하다는 생각이 들었다.

'그래, 너무 티 나잖아? 한두 주만 더 나가주자.'

선심 쓰듯 그렇게 몇 주를 더 나갔다. 그것이 내가 평생 주일을 지키는 성도가 될 줄이야. 엄마 잃은 허전한 빈자리에 하나님 말씀이 들어오기 시작했다. 그때부터 성경을 읽기 시작했다. 마른 논에 벌컥벌컥 물이 들어가듯…….

인생은 무의미하다고 생각하던 내게 말씀은 마치 빛처럼 다가왔다. 엄마의 몫까지 잘 살아야겠다는 생각으로 바뀌고, 엄마는 나를 떠났지만 영원히 나를 떠나지 않는 하나님이 계시다는 것이 든든하고 좋았다. 그러나 그때부터 새로운 전쟁이 시작되었다.

"부모를 택할래? 하나님을 택할래? 이제 더 이상 못 참는다."

술만 드시면 아부지는 내 신앙생활에 트집을 잡으셨다. 게다가 울 오빠는 내가 열심히 용돈 모아 대학 1학년 때 처음으로 산 NIV 영한 새 성경책을 마구 찢었다. 그때 밤새도록 울면서 스카치테이프로 성경책을 붙였다. 그 바람에 얼룩덜룩한 성경책은 내 보물 1호가 되었다.

한 번 본 책과 영화는 웬만하면 두 번 다시 안 보는 스타일이다. 그런데 유일하게 봐도 봐도 새롭고, 늘 내게 새로운 소망과 생명력을 주는 성경책은 이 세상에서 질리지 않는 유일한 책이 되었다.

　설레는 마음으로 매일 성경을 펼친다. 보고 있어도 보고 싶다는 어느 가사처럼, 어제 보아도 오늘 보아도 날마다 새로운 책, 성경! 읽어도 읽어도 새로운 보물이 가득 찬 책, 이 세상 가장 베스트셀러이면서도 가장 안 읽는 베스트로도 꼽히는 책이기도 하다. 하나님이 우릴 향한, 나를 향한 사랑의 편지로 가득한 성경이야말로 나에게는 다른 어떤 책과 비교할 수 없는, 말할 수 없는 재독의 기쁨을 주는 책이다.

　1500년간 40여 명의 저자가 한 주제로 쓰인 인생사용설명서인 성경! 역사와 시, 편지글, 다양한 형식으로 쓰인 책이 한 권으로 묶여져 있다. 내 나이 수만큼 성경을 재독하고 싶다. 아직은 한참 멀었다. 과연 그 꿈은 이루어질까? 참, 그때 나를 전도한 여고 동창 친구 숙희와 나는 나란히 목사의 아내가 되었다. 그것도 남편의 성까지 똑같은 윤 목사! 세상은 참 알 수 없다. 그래서 살맛이 난다. 성경 사랑, 재독의 꿈은 필통을 타고 내게로 왔다.

청소년, 시와 대화하다

"**친구들, 내가 너희를** 만난 건 올 한 해 가장 큰 축복이자 선물이야! 시집 출간, 진심으로 축하해!"

지난해 가장 보람된 강의 중 한 가지를 꼽으라면 인천 북부교육지원청 주관으로 실시한 '청소년, 시와 대화하다' 시 창작반 프로그램을 진행한 일이다.

가을이 시작되는 9월, 초롱초롱한 눈망울을 지난 중학생 친구들을 만났다. 평소 청소년 교육도 많이 다니지만 시 창작반에서 만난 친구들의 눈빛은 남달랐다.

한 손에 시집 한 권 들고, 필기도구를 꺼내 열심히 내 강의를 듣고 자작 시를 썼다. 또르르 펜이 굴러가는 소리가 어찌나 좋던지……. 서로 다른 학교에서 온 아이들이 삼삼오오 조를 이루어 자기소개도 하고, 금세 친구가 되었다. 서로의 창작시를 읽으며 쑥스러워했지만, 스스로도 자랑스럽고 대견해하며, 흥분된 모습 가득했다. 서로 자기 시를 낭독하겠다고 번쩍번쩍 손을 드는 모습이 참 사랑스러웠다.

암기식, 주입식 교육이 아닌 자신의 내면을 돌아보고 친구에 대해, 삶에 대해, 자연에 대해, 자신에게 차오르는 감정을 시로 표현하는 시간이 사뭇 진지하고 아름다웠다. 잠시 스마트폰을 내려놓고 시를 짓는 아이들의 모습을 보는 것만으로도 큰 감동이었다.

나태주 시인은 "시란 그냥 줍는 것이다. 길거리나 사람들 사이에 버려진 채 빛나는 마음의 보석들"이란 시로 시를 표현했다. 두 번째 시 창작 수업 마지막 날, 한 친구가 핸드폰으로 "청소년, 시와 대화하다"라는 시를 써서 내게 보여주었다.

처음에 우리는 처음 만나 어색했지만
그때가 언제였냐고 벌써 끝나버렸다
난 혼자여서 고독했지만
하면 할수록 재미가 생겼다
이 기회를 주신 선생님께 감사하고
'청소년, 시와 대화하다'에서 강의해 주신 강사님과 주최자님께
감사 인사를 드리며 다시 만나길

핸드폰으로 써서 내민 남자 친구의 글이 참 귀하고 예뻐서 사진으로 찍어 두었다. 10년 뒤 우리 친구들이 어떤 모습으로 살아갈지 기대가 된다. 지금의 작은 걸음들이 시를 읽고 쓰는 법조인, 시를 읽고 쓰는 사업가, 시를 읽고 쓰는 과학자, 시를 읽고 쓰는 교사, 시를 읽고 쓰는 예술인, 각자의 자라에서 시를 읽고 쓰는 민주시민으로 우리 사회를 더욱 아름답고 건강한 사회로 만들어가는 밑거름이 되리라 믿는다.

　시 창작 수업이 끝난 두어 달 뒤, 담당 장학사님이 공저로 시집을 낸다고 축하의 글을 부탁하셨다. 마음을 담아 축하의 글을 보냈다. 곧이어 43명의 청소년 시인들이 쓴 공저 시집이 집으로 사뿐히 날아왔다. 43명 청소년 시인들의 시를 차례로 낭독했다. 시를 낭독하며 그날 함께 나누었던 순간들이 새록새록 떠올랐다.

　글을 눈으로 읽는 것과 소리 내어 읽는 것은 큰 차이가 있다. 여러 분야의 글들을 눈이 아닌 소리 내어 읽기도 하지만, 유독 시를 쓰고 읽을 때는 낭독을 했다. 어릴 때부터 시를 유난히 좋아했다. 중·고등학교 시절 등하굣길에 손바닥 안에 쏘옥 드는 작은 시집을 늘 갖고 다녔다. 유치환, 윤동주, 한용운, 김춘수 님 등 우리나라 시인뿐 아니라 에밀리 디킨스, 릴케, 윌리엄 버틀러 예이츠 등 외국 시인들의 주옥같은 아름다운 시구들도 종종 외우며 혼자 가슴 설레었다.

나도 곧 누군가를 만나 일생일대의 멋진 사랑을 할 것만 같았다. 친구들과 수다 떠는 것도 좋아했지만, 조용히 혼자 책 읽는 것도 좋아했다. 혼자 시를 쓰는 것은 더 좋아했다. 바람과 나무에 말 걸기도 좋아하며, 빨강 머리 앤처럼 자연과도 곧잘 친구 하는, 늘 덜렁대고 건망증도 심했지만 털팔이 문학소녀였다.

고등학교 시절에는 시조 동아리 '달메'(달무리의 순우리말) 반에 가입하여 열심히 동아리 활동을 했다. 가을이면 촛불 하나 켜놓고 시조 낭송회를 하고, 선생님은 계절마다 우리에게 시조 대회도 나가도록 격려하셨다. 그때는 늘 가작과 입선이 고작이었다. 그래도 시를 짓는 일은 늘 설레고 좋았다. 촛불 아래 은은한 조명과 나직한 음악에 분위기를 잡고 낭독의 기쁨은 컸다.

결혼 후에는 지금은 고인이 되셨지만 모닥불의 작사자 박건호 선생님이 운영하시는 '시섬' 문학 동아리에 들어가서 열심히 활동도 했다. 아이를 업고 시 낭송하기도 하고, 노을 지는 석촌호수에서 예쁜 땡땡이 원피스를 입고 한껏 멋을 부리며, 동인들과 시 낭송회를 하기도 했다.

매년 꿈 목록은 단독 시집 출간이 일 번이다. 얼마 전 군대에서 쓴 글로 전역 후 '스무살, 내 감정의 빛'을 출간한 아들이 문득 같이 시집을 내자고 했다. '모자란 모자' 시집 제목이 어떠냐고……. 시집 발간의 꿈은 다음 해로 또 길게 늘어진다. 그래도 가슴속 피어나는 언어로 한 줄의 낭독의 기쁨이 될 시어를 건지는 일은 늘 설렌다. 올해는 모자란 모자가 시집을 낼 수 있을까? 사랑하는 이들을 모아 놓고 가을밤을 수놓을 낭독의 밤, 시와 음악이 있는 낭송의 밤을 꿈꾼다.

참고로 낭독과 낭송의 차이를 적어본다.
낭독 : 1. 글자 그대로 소리 내어 읽는 것
낭송 : 1. 크게 소리를 내어 유창하게 글을 외우거나 2. 음률로 감정을 불어넣어 유창하게 읽거나 외우는 것

경력사원 우대

　　지난해 결혼기념일, 때마침 토요일 대학원 수업을 마치고 돌아오는 길, 둘이 가까운 해장국집에서 저녁이나 먹고 들어가자고 했다. 그 옛날 분위기 잡고 레스토랑에서 우아하게 칼 들고 써는 시대도 지났고, 이제는 익숙하고 편해진 중년 부부가 아닌가? 얼큰하게 한 그릇씩 뚝딱 하고, 커피값도 아까워 해장국집에서 주는 무료 자판기 커피 한잔 들고 집 들어가는데 갑자기 남편이 꽃집으로 확 들어가는 게 아닌가?

　　"아내에게 아주 풍성한 꽃다발 한 아름 주세요. 우리가 결혼한 날이거든요."
　　"어머, 그러시군요. 두 분 정말 축하드립니다."

대뜸 꽃집 사장님께 꽃다발을 주문했다. 놀랐지만 기분이 좋았다. 해장국 한 그릇으로도 충분했는데 꽃다발까지 받고 보니 기분이 아주 좋았다. 꽃집 사장님은 가게 앞 한편에 일찍 만든 크리스마스트리 앞에서 우리 부부를 위해 기념사진도 찍어 주셨다. 그 옛날 풋풋한 소녀, 소년의 모습은 아니지만 충분히 아름답고 빛나는 하루였다. 서로 늘어난 뱃살과 날로 늘어가는 흰머리칼에 굳이 이벤트 안 해준다고 징징거릴 나이도 아니고, 그저 살아있어 내 곁에 있어 주어 고맙다는 어느 노부부의 이야기가 우리의 이야기가 되어가는 중이다.

2000년 10월에 맞선을 보고, 다음 달 11월에 곧바로 결혼으로 골인, 소설 같은 일이 일어났다. 10년의 첫사랑의 아픔으로 두 번 다시 사랑이니 결혼이니 내 인생에는 없다고 생각했는데, 그 말이 무색하도록 난생처음 맞선을 보고 초스피드 결혼을 했다.

"경력사원을 우대하오."

내 10년의 연애사를 두고 남편은 늘 그렇게 말해 주었다. 그 말이 참 고마웠다. 다시는 누군가를 사랑할 자신이 없었는데, 경력사원 우대라는 말에 안도감을 느끼며 내 마지막 사랑으로 종지부를 찍고 결혼을 했다.

결혼 후 친정집에서 트럭으로 한가득 내 책을 가져왔다. '읽은 책이 곧 그 사람이다.'라는 말처럼 유난히 책에 대한 애정이 있어 친정아버지께 한 권도 빠뜨리지 말고, 내 책을 다 실어 달라고 했다. 입던 옷도 버리고, 내 물건은 대충 챙겨왔지만 이상하게 내가 가지고 있던 책들은 몽땅 내 곁으로 와야 마음이 편했다. 좁은 신혼집에 남편의 책과 내 책이 만났다.

"어머, 당신도 이 책이 있네."

결혼 후 놀란 것은 그와 내가 갖고 있는 책들이 상당수 겹치는 책들이라는 점이었다. 대부분은 기독교 세계관의 결혼과 가정에 대한 책, 남녀 심리에 관한 책이었다.

우리는 서로 먼 곳에서 저마다의 길을 걸어왔지만 믿음의 가정을 세우고 싶다는 소망 때문이었는지 읽은 책들이 상당히 겹치는 것을 보고 놀랐다. 장르를 가리지 않고 책을 읽는 편이지만 사람 심리에 대한 책, 특히 남자와 여자의 심리적 차이나 연애, 데이트 분야의 책을 많이 읽었다.

남녀 심리의 바이블이라 할 수 있는 존 그레이의 '화성에서 온 남자, 금성에서 온 여자'를 시작으로 '화성 남자 금성 여자의 결혼 지키기' 등 존 그레이 박사의 화성 남자 시리즈 책들과 알랜 로이 맥기니스의 '사랑과 우정의 비결', 래리버캣의 '돈 걱정 없는 가정', 월터 트로비쉬 '나는 너와 결혼하였다', 에디스 쉐이퍼의 '가정이란 무엇인가?', 잭 캔필드와 마크 빅터 한센의 공저인 '마음을 열어주는 101가지 이야기', 고든 & 게일 맥도날드의 '마음과 마음이 이어질 때', '내면세계의 질서와 영적 성장', 게리 채프먼의 '5가지 사랑의 언어' 등 신앙과 심리, 건강한 관계와 가정을 세우기 위한 양서들이 많았다.

앙드레 말로는 '오랫동안 꿈을 그리는 사람은 마침내 그 꿈을 닮아간다.'라고 했다. 나름 신앙의 핍박 속에서 누구보다 믿음의 가정을 꿈꾸며 기도해 왔다. 그래서 기독교 가정을 세우는 신앙 서적과 심리, 관계를 가꾸어 가는 분야의 책들을 많이 읽었다.

한 달에도 몇 권씩 뚝딱 한다는, 정말 책을 많이 읽는 분들 앞에 다독이라 말하기엔 매우 부끄럽다. 그저 책을 좋아하고 글쓰기를 좋아하는 사람일 뿐이다. 좀 더 전문적으로 공부하고 싶어 대학원도 숭실대학원의 독서경영전략학과에 '독서'라는 말이 들어간다는 이유로 지원해서 왔다.

남편은 청년 시절부터 청춘 남녀의 데이트를 돕는 일을 하고 싶어 했다. 그래서 연애 분야의 책을 누구보다 많이 읽고 생각도 깊이 했다. 남녀 심리전에도 강하다. 연애 상담도 잘한다. 전도사 시절, 첫 외부 강의도 청년들 대상 데이트 강의였다.

신혼 초에는 우리 집에서 '데이트 학교'를 열어 6개월 과정으로 청년들을 말씀과 데이트, 연애하는 법을 강의했다. 선물을 어떻게 줘야 하는지, 부모가 반대하는 결혼은 어떻게 해야 하는 것이 현명한 것인지, 성경을 기반으로 해서 그동안 본 다양한 연애, 심리, 관계 서적들의 노하우를 잘 풀어내었다. 남편은 오래전 '데이트 바이블'이란 책을 출간하기도 했다.

저출산 시대, 삼포 오포 시대, 시대의 아픔을 안고 가는 청춘들에게 그래도 사랑과 연애, 가정을 세워가는 꿈을 심어주고 싶다. 사랑하기 때문에 결혼하는 것이 아닌 사랑하기 위해서 결혼하며, 헌신과 고통도 있지만 그 열매는 귀하고 아름답다는 것을 전하고 싶다.

싱글맘 사역도 매년 돕고 있다. 한 부모 가정, 다문화 가정 등 다양한 형태의 가정들이 있다. 모든 가정은 존중받아야 하고 시대의 흐름에 따라 새로운 패러다임으로 나아가야 한다. '데이트 학교'의 꿈을 위해 우리는 삶으로 배우고, 그 분야의 책들을 다독하며 내 것으로 만들기 위해 도전하고 실험할 것이다. 함께 살며, 사랑하며, 그리고 책을 읽으며…….

맛있는 글쓰기 여행을 떠나자

청소년 시절부터 오랫동안 마음속에 품은 버킷 리스트가 있었다. 내 이름으로 된 책 한 권 내는 일! 소녀의 꿈은 아줌마가 되어도 그저 가슴속 꿈이었다. 그런데 그 꿈을 실현하는 일은 뜻밖의 일로 이루어졌다.

청소년 시기, 혼자서 끄적이며 여러 문학대회도 나갔지만, 늘 돌아오는 건 가작, 입선이었다. 대상이나 최우수상을 타는 친구들을 보면 참 부러웠다. 그러다 결혼하고 혼자서 육아에 힘쓰며, 지친 마음을 달래다 라디오를 듣기 시작했다.

"잊지 못한 사연이 있으면 OO가요 산책으로 글을 보내주세요."

어느 라디오 DJ의 말 한마디에 몇 줄 적어 쓴 글들이 당첨, 라디오를 통해 내 사연이 들려졌다. 그 이후 육아의 고단함을 라디오 글 내는 재미로 살았다. 집으로 유모차가 날아오고, 카시트가 날아오고, 커플링, 백화점 상품권, 청소기 등 날마다 선물이 배달되어 거의 모든 집안 살림살이를 장만했다.

"김혜경 씨, 안 받은 선물이 뭐지요?"

한 방송작가님은 워낙 선물을 많이 타서 아예 안 받은 선물이 뭐냐고 전화까지 주시기도 했다. 그러다 내가 살고 있는 지역에 시민 백일장이 열렸다. 아이를 등에 업고 대회에 출전했다. 글 쓸 시간에는 빨리 자라고 기도했다.

내 기도를 들으셨는지 아이는 다행히 잘 자주었고, 무사히 글을 낼 수 있었다. 생각지도 않았는데 수필 부문에서 장원을 주셨다. 그 후 목동, 파주, 이사 가는 도시마다 시민 백일장과 새마을 문고 글짓기 대회에 참가했다. 파주에서는 시 부문에서도 장원을 주셨다. 이어서 각 지역을 대표하는 우수자들만 모이는 경기도 기예 경진대회에서도 좋은 상을 주셨다. 내가 글을 좋아한다고만 생각했는데, 잘 쓰는 사람인가? 내 삶에 일어나는 새로운 변화들에 신기해했다. 그러다 한 심사위원님의 추천으로 2003년도 한국문인협회 수필가로 등단하게 되었다. 그때 묘한 기쁨이란……. 설레고 신기했다.

어느새 20년의 세월이 흘렀다. 그동안 문학 계간지를 통해 작품활동을 하다 동인 시집과 동인 수필집만 여러 권 냈다. 개인 저서에 대한 마음속 꿈만으로 있다가 10년 전 유방암 투병을 하며, 내 인생 모든 것이 잠시 멈춤 신호를 보냈을 때, 그 고난

이 오히려 꿈을 향한 첫걸음이 되었다.

'암 치유 맘 치유'(2015) 투병 이야기를 첫 개인 저서로 냈다. 내 첫 책이 암 투병 책이 될 줄이야……. 그 후 5년 뒤 코로나로 다시 모든 것이 정지되었을 때 '암, 내게로 와 별이 되다'(2020) 개정판을 냈다.

돌아보면 내가 책을 쓴 시기는 편하고 여유 있을 때가 아닌 고통과 아픔 속에 글을 썼다. 그 이후 몇몇 작가님들과 디지털 시대를 살아가는 비결, '디지털의 힘'(2022) 공저와 '책쓰기의 진실', '군부대 강의 노하우', '뭐 Job고 살까?' 등 전자책도 냈다.

'인생 괴로울 때 인상 쓰지 말고 글을 쓰라.'라고 한 김민식 PD님의 말씀처럼 가장 소중한 사람을 잃고 아픔을 견뎌야 했을 청소년 시기, 사랑의 열병과 이별의 시간, 육아의 혼돈과 고단함, 암 투병의 외로운 순간에 글쓰기는 가장 소중한 친구이자 강력한 치유제가 되었다. 그저 힘들고 괴로울 때마다 끄적거렸던 습관이 지금은 다른 이들에게 글쓰기와 책 쓰기를 돕는 '맛있는 글쓰기 여행', '맛있는 책 쓰기 여행'의 강사로 나를 성장시켰다.

가끔 수강생분들이 묻는다.

"어떻게 하면 글을 잘 쓸 수 있을까요?"

글은 근육을 키우는 일과 같다. 그저 '운동해야지.' 하는 결심으로 근육이 키워지지 않는다. 꾸준히 정해진 시간에 매일 운동을 해야 한다. 글도 그렇다. 우선 완벽히 잘 쓰고자 하는 마음을 버리고, 그저 마음 가는 대로 습관처럼 운동하듯, 밥을 먹듯, 정해진 분량의 글을 매일 쓰는 것이다. 근육이 하루, 이틀, 일주일 운동한다고 갑자기 생기지 않지만, 어느 날 자기도 모르는 사이에 근육이 붙고 S자 몸매가 생긴다. 물론 난 아직도 B 라인이다. 우리 아이들은 엄마는 대문자 B가 아닌 소문자 b라고 놀린다.

필요에 따라 PT 선생님의 도움을 받아 운동할 수도 있다. 주변의 글쓰기 도움이 되는 책들도 많고, 책을 쓰고 싶다면 책 쓰기 강좌도, 유튜브에도 숱한 정보가 쏟아진다. 다만 중요한 사실은 내가 꾸준히 펜을 들고 써야 한다는 사실이다.

남에게 보여주기 위해 신경 쓰이는 마음, 맞춤법, 띄어쓰기도 잠시 내려놓고 내 안의 떠오르는 생각들, 아침에 본 풍경들, 뭐든 꾸준히 흰 여백을 까맣게 채워가야 한다. 일기 쓰기가 최고의 글쓰기 훈련이 되지 않을까? 어느 순간 부담이 아니라 즐기는 순간이 찾아올 것이다. 오히려 그 시간이 없으면 허전하고 불편하고 답답할지도 모른다.

사람들은 저마다 자신의 마음을 그림으로, 노래로, 운동으로, 요리로 표현한다. 글을 쓰는 사람은 글로 자신을 풀어낸다. 책을 낸 사람이 작가가 아니라 매일 글을 쓰는 사람이 진정한 작가다.

독서는 입력, 글쓰기는 출력이다. 입력(input)이 있으면 출력(Output)은 자연히 따라온다. 글쓰기를 잘하려면 결국 독서를 잘

해야 한다. 세종대왕은 '고기는 씹을수록 맛이 나고, 책은 읽을수록 맛이 난다.'라고 하셨다. 앞서 말한 다양한 독서의 맛을 느끼는 사람이라면 자연스럽게 글쓰기의 맛도 찾아온다. 책 한 권으로 인생의 전환점을 맞이한 사람이 많다. 내가 쓴 한 줄의 글이 누군가의 인생에 작은 위로와 길잡이와 디딤돌이 된다면 얼마나 가치 있고 행복한 일일까?

마크 트웨인은 읽기와 쓰기는 본래 하나이며 서로 보완하는 개념이라고 했다. 앞서 다양한 독서법으로 입력했다면 이제 출력할 차례, 당신이 글을 쓸 차례다. 하얀 여백이 채워지는 신비로운 희열을 맛보며, 자기 성장과 치유의 최고 도구, 글쓰기의 바다에서 헤엄을 치자.

가장 훌륭한 시는 아직 쓰이지 않았다.
가장 아름다운 노래는 아직 불리지 않았다.
최고의 날들은 아직 살지 않은 날들이며,
가장 넓은 바다는 아직 항해 되지 않았고,
가장 먼 여행은 아직 끝나지 않았다.
불멸의 춤은 아직 추어지지 않았으며
가장 빛나는 별은 아직 발견되지 않은 별이다.
당신의 가장 훌륭한 글은 아직 쓰이지 않았다.
　　　　　　－나짐 히크메트의 '진정한 여행'

연소연

중고등 국어 입시 경력 10년.
현재 초등, 중등 정·속독 및 독서 논술강사로 재직.
하남시지부 교육팀장 및 WWH131키워드'패턴'글쓰기 서평전문 강사.
2021년 전국 고전 읽기 백일장 대통령상 수상.
현) 교육청 인가 한국평생교육원 강사
현) 한국상담협회 강사
현) 한국인재개발원 강사

모퉁이의 미학을 아는가

나는 내몰린 구석에서 생각에 잠기고, 그곳에서 반성을 하고 책을 읽고 글을 쓰는 것을 즐긴다. 돌이켜보면 나는 구석진 곳의 어둠을 참 좋아한 것 같다. 그래서인지 카페에서도 서점에서도 한 모퉁이에 자리 잡고 공상과 독서를 즐긴다. 일상다반사인 내 일상을 돌아보듯 남의 일상이 궁금한 나는 내면의 혼돈이 올 때마다 타인의 삶에 안부를 묻고 싶을 때마다 시집과 에세이를 탐독한다.

"한낱 빛 따위가 어둠의 깊이를 어찌 알겠느냐."

니체의 말이다.
이 글귀를 만났을 때, 내 내면을 알아봐 준 것 같아 그 자리에서 울었던 기억이 생생하다.

  나는 태생 자체가 외로운 인간이다. 환경이 그러했기에 가운데 낀 인생에서 사랑받고자 고군분투했지만 어디에서도 일 순위가 될 수 없었다. 늘 양보를 해야만 했다. 사랑도, 관심도.

  그렇게 나는 내면이 외롭고 어두운 상태에서, 나처럼 채워지지 않는 사랑과 관심에 목마름이 있는 이들을 구해야겠다는 사명감과 히어로 감성이 충만해서 언젠가 내게 세상을 지킬 하늘의 계시가 있을 거란 걸 믿고 기다렸던 엉뚱한 상상을 한 적이 있다.

  나는 어릴 적부터 관심받고 싶었던 만큼 주변의 일에 관심이 많았고, 사람을 관찰하길 좋아했다. 그래서 학창 시절엔 모사를 좋아해서 책 줄거리를 연기하거나 사람의 특징적 모습을 따라 해 친구들을 웃기는 오락부장이었다. 그렇게 남에게 관심이 많은 만큼 남의 일에 참견하다가 세상의 웃지 못할 경험들이 일상다반사였다. 이런 일상들을 빼곡히 일기장에 적던 중학 생활의 어느 날 담임 선생님께선 친구들에게 전하는 나의 이야기를 들으시곤 '영적 감수성'에 대해 말씀해 주셨다. 영적 감수성이 풍부한 사람들은 감각이 예민해서 외로움을 많이 타기도 하는데 내게도 그런 면이 있어 주변의 일들에 공감을 잘하고 감정적 동요가 크다는 것이다. 그런 사람일수록 책을 많이 읽으며 마음을 다독일 줄 알아야 한다며 독서를 권하셨고, 그래서 책을 읽기 시작했다.

 편협한 시각으로 세상사에 동요되어 매사 남 탓하고 부정적인 말을 내뱉는 내게 어느 날은 아버지께서 다양한 관점에서 세상을 보라시며 생일 선물로 '모리와 함께한 화요일'이란 책을 사주셨다. 이 책이 나의 인생 책이자 삶의 지침서라고 해도 과언이 아닐 만큼 나는 이로써 마음과 행동이 변하기 시작했고, 세상을 보는 눈을 키우고, 책이 정말 흥미롭다는 것을 깨달았다. 더불어 진정한 스승이 부재한 이 사회에서 누군가에게 어떻게 가르침을 주고, 어떤 삶을 살아야 하는지 일깨워준 책이며, 내게 독서를 조언해 준 중학교 시절 담임 선생님이 멈춰 있던 내 마음에 동력기를 달아준 진정한 스승님이라는 걸 증명해 준 책이다.
 중학 시절 담임 선생님께선 작가를 꿈꾸며 글쓰기 좋아하는 나의 일상을 눈여겨보시며 글에는 마법 같은 힘이 있으니 생명의 수액 같은 글로 사람들을 위로해 주고 공감해 주는 글을 쓰라고 응원해주셨다. 그렇게 선생님의 조언은 내가 꿈을 키우며 독서 삼매경에 빠진 계기가 되었다.

 마음이 혼란스러웠던 나의 20대, 국어를 전공한 나의 대학 생활을 소주 한 잔과 시로 보냈다고 해도 과언이 아닐 정도로 나는 서점 모퉁이에 쭈그려 앉아 시를 즐겼고, 탐독한 책들의 문장들을 술자리에서 읊으며 예술과 문학을 논했다. 시는 내게 계절과 같았다. 시로써 싱그러움과 뜨거움 그리고 색색으로 물들이는 환희와 위로들을 찾았다. 한 구절 한 구절 마음에 새기며 마음에 와닿은 글귀는 따로 적어서 그 글귀에 대한 감상을 적곤 했다.

시와 에세이를 탐독하며 나는 새삼 나란 사람이 이렇게나 복잡한 존재라는 걸 깨달았다. 그러면서 타인도 그럴 것이라는 생각으로 연결되어 그때부터 사람을 관찰하기 시작했다. 그렇게 내 어둠의 깊이만큼 작품 속 상대방의 내면의 심리를 궁금해하며 그 사람과 나의 연결고리를 찾곤 했다.

'일상을 떠난 삶이 없듯, 일상을 벗어난 문학도 없다.'는 어느 작가의 말처럼 그들의 작품 속 일상에 젖어 과거의 기억과 응어리진 아픔을 위로받고, 빨간약 바르고 반창고 붙이듯 마음을 비워내기도 했다. 그렇게 함께 울고 웃었다.

'위기 공감형' 인간인 나는 작품 속, 현실 속 타인의 아픔과 슬픔에 감정적으로 동요돼서 심한 우울감을 경험하기도 했는데, 그때 내 손을 잡아준 사람이 니체의 말이었다. 사는 게 고통이고 그럼에도 사랑하고 싶어서 니체를 읽는다는 문구가 날 그에게 다가서게 했고, 감정의 혼란이 요동칠 때마다 시를 읽으며 니체를 읽으며 내 감수성을 다독이곤 했다. 고난이 심할수록 내

가슴은 뛴다는 니체의 말처럼 인간이 겪는 고통과 괴로움, 존재의 외로움은 우리의 특권이고, 의미 없는 고통은 없으니 그 고통의 참된 가치를 깨달으며 행복을 추구하려 부단히도 노력했다.

나는 여전히 고단한 현실에서 삶의 혜안을 넓히고, 세상의 일들을 배우고, 관념에 틀에 얽매이지 않으려, 깊은 공감을 일으키는 유려한 필력을 기르려 독서를 한다. 그리고 꾸준히 탐독의 시간을 가지며 내면이 외롭고 어두운 감정에 천착해질 때마다 마음에 와 닿는 글과 구절로 위로받고 있다. 새롭게 배우고, 깨닫고, 자신의 삶을 담아 글을 쓰고자 한다면 끊임없이 탐독하라. 탐독하는 일은 거울에 비친 나의 정체성을 찾아 존재 가치를 바로 세우는 것이며, 나의 내면 상태를 들여다보고 안아주는 일이다.

나무를 보며 숲을 상상하라

어릴 적 우리 집 모습을 회상하면 한쪽 벽면을 가득 채운 책장이 떠오른다. 각종 전집에 학습 백과와 역사책 전집들, 다량의 장편 소설과 동화책이 독서환경에 좋은 인테리어로 장식돼 있었다. 독서광이던 옆집 아이는 우리 집이 도서관인 양 제집처럼 드나들며 책을 읽었고, 책이 너무 좋아 잠자는 시간이 아깝다며 울기도 했다. 그런 모습을 안타까워한 그 아이 엄마의 걱정스러운 말을 우리 엄마는 부러운 눈길로 바라보곤 했다.

그 아이와 엄마가 돌아가고 나면 이어지는 폭풍 잔소리는 우리 삼 남매의 몫이었기에 우린 그 아이가 돌아간 뒤면 엄마의 잔소리를 피하고자 책 읽는 아이 코스프레를 하곤 했다. 하지만 나는 사실 우리 집 책 중 그 어떤 책도 읽고 싶지 않았다. 당시 독서를 즐기지 않았던 내겐 그 많은 전집들이 그저 해내야 할 과제이며 부담이었다. 엄마가 책장에 꽂힌 책들을 읽어야 용돈을 주셨던 까닭이다.

엄마는 자녀들을 독서하는 아이로 키우겠다는 일념으로 한 권의 책을 읽히고 줄거리를 말하게 했다. 그나마 다행이던 건 엄마도 그 책들의 내용을 모르기에 나는 일부만 읽고 이야기하며 나머지 서사는 개작해서 말하곤 했다. 그렇게 미봉책으로 사용한 잔꾀는 기술이 늘어 일부만 읽은 책들을 다 읽은 척 주변 사람들에게 유난을 떨며 내용을 풀었고, 이후 독서를 즐기게 된 나를 보며 엄마는 나의 독서습관에 당신이 끼친 영향이 지대하다고 여기신다.

위기가 곧 기회라고 했던가. 편독이 심한 내게 대학교 과제로 세계문학 전집을 읽고 작품마다 줄거리와 감상문을 써야 하는 과제가 생겼다. 무엇보다 읽기 싫은 책을 읽어야 하는 것이 곤욕이었다. 그 긴긴날들을 간결하게 만들어준 것이 발췌독이다. 인터넷에서 내용을 검색해 중요한 사건 위주로만 책을 읽고, 그 부분에 대한 감상평을 쓴 것이다. 돌이켜보면 그때 그 방법이 오늘날 나의 업무 노하우를 만들어줬고, 이후 발췌해서 읽는 것을 학습과 업무에 많이 이용했다.

사교육에 종사해 있는 나는 10년간 중고등 국어를 가르쳤고, 현재는 독서논술을 지도하고 있다. 고등부 입시 국어를 가르칠 때는 사실 부담감이 너무 커서 교육의 질을 높이기 위해 교육대학원에 진학해서 고등학생들만큼 열심히 학습하고 연구했다. 문학을 가르치면서 가장 이해시키기 어려웠던 부분이 시대별 작품과 사회의 연관성을 알게 하는 일이었는데, 방법을 강구하던 중에 알게 된 것이 문학과 역사적 사건을 연관 짓는 것이다. 내가 정확하게 알고 있어야 전달도 잘 된다는 생각에 순전히 직업의식 때문에 시대별 고전과 근현대 문학을 읽기 시작했다. 짧은 시간 안에 다량의 책들을 섭렵해야 했기 때문에 시대별 책들을 정리해서 마인드맵을 만들었다. 시중에도 방법들과 도서들이 많이 나와 있어서 참고하기도 했다. 시대별 문학작품의 해설서를 읽고, 중요 사건들이 있는 부분만 선택해서 읽었다. 그렇게 전체 흐름을 이해했고, 작가의 문체별 특징이나 사상 그리고 짧은 감상을 노트에 적어 기록했다. 이 과정을 수행하며 학생들 국어를 가르치는 데도 많이 도움이 됐지만 문학작품 이해뿐만 아니라 역사의 흐름과 시대적 상황을 이해하는 데도 많이 도움이 됐다. 그리고 발췌독이 학습능력을 신장시킨다는 연구 결과가 있어서 이 방법을 학생들에게 많이 알려주며 현재까지 독서 논술을 지도하면서 사용하는 방법이기도 하다.

작품의 주인공에 빙의되어 독서하는 나는 책을 읽으며 그 사건의 상황을 상상하곤 한다. 그래서 줄거리 상황과 글의 맥락을 잘 파악하는 편이다. 이 장점을 이용해 현재까지도 교육원에 있는 수많은 책 중 내 눈에 띈 가장 마음에 가는 책 제목과 책 속 리뷰, 그리고 목차에서 와닿는 챕터를 읽는다. 다년간 이 분야에 종사했기에 읽어본 책들도 많지만 신간을 읽어야 할 때 시간이 없으면 책을 훑고 중요 사건의 부분만 발췌독을 한다. 그래서 학생들에게 신간을 추천해 주면서 내용을 간략히 설명해 주기도 하고, 지도하면서도 줄거리 요약 시 중요한 사건을 찾지 못하는 학생들에게 책 제목과 관련된 사건들을 유추해 볼 수 있게 한다.

이렇게 나는 일상 속에서 알고 싶은 정보만 발췌하여 읽고, 좋은 글귀 인상 깊은 글귀나 구절을 따와 적어 놓는다. 문득 그런 생각이 들었다. 책 한 권의 여정 속 어느 지점에서 머물며 그 사건을 파악하고 감상하는 것은 독자와 작가 서로에게 소통과 연대의 힘을 줄 수도 있다고 말이다. 그래서 평소 하루 한 챕터씩 책을 읽기를 좋아하고, 습관화하려고 한다.

골라 읽는 재미가 있는 발췌독, 특히 자기 계발서를 읽을 때 이 방법을 많이 사용한다. 일본의 작가 시라토리 하루히코와 우리나라 심리학 교수인 김정운 교수 등 많은 사람들이 바쁜 현대인들에게 발췌독은 최적의 독서법이라 강조하며 권장하고 있다.

일부를 보고 전체를 헤아리고 유츄해 보는 것, 그것이 발췌독의 묘미 아닐까? 독서 방법은 정해진 것이 없기에 자신에게 잘 맞는 방법을 찾아가는 것은 또 다른 즐거움이다. 무엇보다 수많은 정보에 치어서 정보를 걸러 읽기 해야 하는 요즘, 그 필요한 부분만이라도 정확하게 소화하며 읽는 게 현대인에게 가장 필요한 방법이다.

씨앗 파종하기

　　최근에 장석주 시인의 '내가 읽은 책이 곧 나의 우주이다'라는 책을 읽었다. 제목에 매료돼 읽기도 했지만, 집에 3만여 권의 장서를 보유하고 매일 책을 읽는 다독가로 알려진 이 시인이 이미 책을 읽어야 하는 이유에 대한 해답을 내려줬기에 그의 우주를 염탐하고 싶었다. 내가 '아는 만큼 보인다'는 말을 좋아하는 것처럼 나의 우주가 될 공간을 확장하는 일은 인간의 본능일 것이다.

　그 시인은 그 확장 방법으로 독서를 제안했는데, 책을 읽어 우주를 확장한다는 것은 어떤 의미일지 궁금했다. 책을 읽으며 내가 백번 공감한 것은 책을 읽으면 책을 읽기 전과 다른 사람이 된다는 것이다. 그리고 책을 읽는다는 것은 그 책에 담긴 지식이나 사상이 자신의 내면으로 스며들어 와 생각과 자아가 확장되는 과정이라는 새로운 깨달음을 얻었다. 읽는 내내 메모하고, 줄을 긋고, 내 생각들도 첨부하며 그 의미들을 되새김질했다.

책 읽기 방법에는 여러 종류가 있지만 분명한 것은 그 기반에는 정독 훈련이 돼 있어야 한다. 내가 생각한 정독은 내용을 정확하게 읽어가며 파악하고, 이를 통해 얻게 된 지식과 정보를 메모하여 삶에서 기억하며 실천하는 것이다. 독서란 그 책에 담긴 지식이나 사상을 나에게 내면화하여 자아를 확장하는 과정이라 하지 않던가. 독서 방법으로 정독하기가 책을 정확하고 꼼꼼히 읽으며 자아 내면화에 가장 적합하다. 궁극적으로 정독을 이용한 독서가 사고의 확장으로 가치관을 확립해가는 것이다.

나는 독서할 때 목표를 명확히 세우고 집중해서 읽는다. 책의 장르에 따라 읽기 방법을 선택하는데, 지식 습득과 공감과 치유의 목적으로 책을 읽어야 할 때는 정독하는 편이다. 독서하며 지식과 정보를 메모하거나 책에 밑줄을 그으며 소리 내어 읽기도, 천천히 생각을 곱씹기도 한다. 특히 사유의 시간이 필요한, 감수성을 흔드는 책을 읽을 때는 책을 읽기 전에 적절한 시간과 장소를 선택한다. 내가 주말 오후를 사랑하는 이유이다.

주말 오후 시간을 비워 두고 카페든 방구석이든 조용한 곳을 찾아 의식을 치르듯 목차와 서문부터 읽는다. 전체적인 구조를 파악해야 작중인물이 되어 작품 속을 헤집고 다닐 수 있기 때문이다. 그렇게 해 질 무렵부터 독서하며 그 여정에서 내용과 구절을 되새김질하고, 작중인물에 감정 이입되어 실컷 흔들려보았다가 불현듯 떠오른 생각의 조각들을 페이지 구석에 메모해 두기도 한다. 그렇게 책 내용을 내 생각과 연결하여 읽으며 얻게 된 정보와 사실들 깨달음을 적어 삶에 적용해 본다. 그럴 때면 이렇게 독서를 통해 간접 경험한 것들이 내 세상의 우주 경계를 확장하는 가치 있는 일이라는 것을 깨닫고, 그 진가를 발견한 것에 가슴이 뛴다.

독서를 하면서 분명하게 알게 된 것은 무엇보다 텍스트를 인지하는 정독 능력이 길러져야만 책을 읽으면서 곱씹을 여유가 생긴다는 것이다. 타인의 삶을 구경하기 좋아하는 나는 에세이를 읽을 때도 그렇지만 작가의 문체나 사상이 맞으면 그 작가의 주제의식을 찾기 위해 더 꼼꼼히 읽는다. 내가 좋아하는 작가들 중에 20대 때 가장 빠져서 여전히 사랑하는 작가는 일본 작가인 요시모토 바나나이다. 나는 이 작가의 서정적인 문체를 매우 좋아한다. 무거운 주제임에도 불구하고 그녀의 문장은 유려함도 있지만 따듯함을 동반한다. 무엇보다 읽으면서 문맥을 따라 사유하는 여정을 안겨준다. 그래서 그녀의 책을 더 정확하게 파악하려 했고, 음미하면서 읽었다. 쌉싸름한 녹차 같은 그녀의 문체, 그 뒤끝의 여운을 곱씹으며 사색하길 즐겼다. 그래서 내 20대의 한 부분은 그녀의 책들을 읽으며 함께 아프고 깊은 진리를 깨달은 인고의 시간이자 사유한 시간이었다고 해도 과언이 아니다. 나는 여전히 독서하며 상념에 젖을 주말 오후를 사랑하고 기다린다. 그렇게 나는 오늘까지 변함없이 그녀의 팬 자리에서 읽고 있다.

훌륭한 책을 읽는 것은 거인들의 어깨 위에 앉아서 세상을 바라보는 것과 같다고 했다. 그래서 우리는 독서하며 나의 내면에 사유의 씨앗을 파종해야 한다는 장석주 시인의 말씀이 마음에 더 절실히 와닿았다.

독서 행위를 하며 그 폭넓은 앎과 비범한 능력을 갖는 것이 곧 나의 우주를 확장하는 일이라고 생각한다. 결국 나에게 있어 책 읽기란 나만의 우주를 창조하는 것이고, 정독한다는 것은 책을 읽으며 되돌아보고, 작가의 생각에 공감하면서 그의 모든 것을 좇는 여정인 것이다.

나는 여전히 책을 읽으며 주인공이 되어서 그 감정의 파도에 함께 흔들려 어느 부분에선 사랑에 빠져 허우적대고, 또 어느 부분에선 상실감에 아프기도 하며, 또 어느 부분에선 함께 울었다. 어쩌면 나는 나 자신에 대하여 좀 더 깊이 알고 싶어서 책을 읽었는지 모른다. 앞으로도 나는 독서를 통해 나의 영혼과 정신이 다채로워지고, 지식이 풍요로워져서 숙고하는 인간으로 성장하고 싶다.

보물찾기

나는 마음에 들거나 어느 하나에 꽂히면 그 일을 질릴 때까지 반복하는 이상한 버릇이 있다. 새로운 곳보다 익숙한 곳이 좋고, 한 번 좋은 것은 적응하고 질릴 때까지 반복하는 안정 추구형 인간이다. 그래서 인간관계도 사랑도 첫 만남에 호흡이 잘 맞아 친해지면 늪에 빠지듯 금방 사랑에 빠져서 그 대상을 깊이 이해하려 하고 많은 관심을 주며 계산 없이 사랑한다. 사람이든 사물이든. 그 정도로 난 어떤 면에서는 참 고루한 인간이지만, 그럼에도 내가 그렇게 반복하여 행동하는 까닭은 매번 같은 결과 값이 나오지 않는다는 걸 깨달았기 때문이다.

여행도 마찬가지다. 대학시절, 답사 동아리 활동을 하며 반복의 묘미를 배웠다. 오늘 이곳에서 본 것을 내년에 오면 또 다르게 보인다고 말이다. 무엇을 새롭게 봤는지 보물찾기하며 여행을 하라는 것이다. 이후로 나는 사전답사 삼아 여행지 정보를 찾아보곤 직접 가서 확인하곤 했다. 그렇게 같은 곳을 사계절 분기별로 간 적도 있고, 가서 좋았던 곳은 2~3년에 한 번씩 또 다녀오기도 했다. 갈 때마다 매번 새로웠다. 그곳의 공기도 그날의 느낌도.

그래서 책도 목적에 따라 반복해서 읽는다. 책을 읽기 전에 지금 나의 독서에 어떤 책 읽기 방법을 선택할지 곰곰이 생각해보는 편이다. 어떤 상황에서의 책 읽기인지에 따라 독서방법을 달리하지만, 특히 작가의 문체나 사상, 그 분위기에 녹아들고 싶을 때, 한 권의 책을 꼭꼭 씹어 내 것으로 만들어 흡수하고 싶을 때 반복하여 읽는다.

그리고 나에게 문학적으로나 삶에서 큰 영감을 준 책, 자기개발서 내용을 실천에 옮기고자 할 때, 내 인생의 전환점을 만들어준 책들이 생각날 때마다 반복 읽기를 한다. 끊임없이 곱씹어 내 영양분으로 소화될 때까지. 그중에 글귀 한 구절로 내 마음의 치유제가 되어준 인생 책들은 감정이 동요될 때마다 필수적으로 찾아 읽는다. 작품의 사상과 주제, 분위기를 기억해두고 감정이 요동칠 때마다 그 감정에 어울리는 책을 골라서 읽는다. 다친 곳에 약 바르듯 말이다.

사람 관계로 힘들었던 20대에 날 잡아준 것은 심리학 도서였다. 특히 마이클 싱어의 '상처받지 않는 영혼'은 행복을 외부에서 찾으려 안달했던 나를 내면으로 돌리게 해준 책이다. 그 외에도 교육 심리학 공부하며 알게 된 칼 융의 '자신의 어둠을 아는 것이 다른 사람의 어둠을 다루는 좋은 방법'이란 명언을 보고 내 본연의 모습을 인정하는 법과 상대의 내면을 통찰하는 법을 배우느라 한동안 그의 책을 안고 살았다.

쇼펜하우어의 책을 읽으며 불안과 우울한 마음을 달래기도 했다. 나의 혼란했던 때를 지켜주며 고독한 마음에 이따금씩 책장을 넘길 때마다 씨앗을 뿌리고 꽃을 가꾸어 준 것도 이들이다. 예전에는 보이지도 않았던 구절들이 살아 움직이듯 시야에서 아른거려 그 문장이 확 꽂혀서 울컥하게 만들기도 하고, 어느 철학자의 책 속 글귀에 반해서 그 감정을 느끼고 싶을 때마다 에너지를 얻고 싶을 때마다 또다시 그 책을 찾곤 했다. 참 아이러니한 것은 반복 읽기를 할 때마다 새로운 면면을 발견하며, 별로 감흥 없던 책에서 이렇게 좋은 책을 왜 미처 몰랐는지 새삼 느끼며 그 책과 늦깎이 사랑에 빠지기도 한다. 그렇게 감동은 배가 되고 앎의 깊이는 더 확장되는 순간을 만난다. 이야말로 반복 읽기의 재발견이 아닐 수 없다.

이미 알고 있는 정보의 깊이를 더 깊숙이 파고드는 묘미, 그것이 재독의 매력이다.

나는 책을 반복하여 읽으며 마음에 와닿는 구절, 작중인물의 대사를 기억해두고 상황에 따라 그 내용들을 다시 보기도 하고 내용을 회기하기도 한다.

'부의 인문학' 책 구절에 '당신은 세상을 보는 정신적 모형(판단 기준)을 몇 가지나 가지고 있는가? 하나만 가지고 있는 사람이 제일 위험한 사람이다.'라는 구절이 있다. 이 말에 백번 공감한다. 다양성을 이해하고 존중하지 못하면 어리석은 판단과 결정을 하는 까닭이다. 그래서 우리가 독서를 하는 것이다. 다양한 정신적 모형을 배우기 위해서 말이다. 그런 면에서 반복 읽기는 나침반을 든 채 항해하는 것과 같다. 목적지까지 우회할 것인지 직진할 것인지의 우리 선택이 새로운 정보를 더 깊숙이 이해하고, 다양한 사고의 방향을 제시해 준다.

어느 작가의 말에 의하면 책을 쓰기 위해 저자는 자신의 모든 것을 갈아 넣는다고 한다. 독자와 더 많은 것을 나누고 싶기 때문이라고 말이다. 작가의 영혼까지 갈아 만든 책을 온전히 내 것으로 흡수하려면 한 번으론 부족하다. 특히 나의 경우 인사이트를 많이 받은 책을 여러 번 읽는 편이다. 밀도 있는 학습과 이해를 위해 거듭 읽음으로써 배우고 내면화하기 위해서이다. 오늘도 나는 보물찾기하듯 책 속 구석구석을 탐색하고 있다.

다음 여정에는 또 다른 길을 발견하길 기대하며.

낭독의 발견

사람의 목소리는 글자를 살아 움직이게 한다. 그래서 낭독은 잠들어 있는 거대한 영혼을 깨우는 힘이 있다는 것이다. 어느 작가의 말처럼, 낭독은 단순히 글을 소리 내어 읽는 것이 아니라 자신의 목소리로 읽어 내는 과정을 통해 나의 목소리를 인식하는 것이고, 자신의 생각을 다지는 것이다. 그리고 좋은 언어들이 나의 몸을 타고 흐르도록 하며 거대한 영혼들을 깨우는 것이다.

낭독은 감미로운 목소리 소유자의 몫이고 특권이라 여겼던, 흔들리는 영혼인 나 또한 누군가 그 목소리의 달콤함으로, 그 따듯함으로, 그 잔잔함으로 내 무료한 영혼을 깨우고 안아 주길 바랐는지도.

언젠가 도서관에서 '낭독의 즐거움'이란 책을 본 적이 있다. 표지에 '소곤소곤 사랑을 속삭이듯, 아픈 마음을 따스하게 쓰다듬어주듯'이란 문구가 마음에 들어 읽게 된 것인데, 그 작품에 얽힌 사연과 작가들의 삶에 얽힌 뒷이야기를 담은 내용이었다. 정말 구절구절 누군가에게 읽혀주고 싶을 만큼 주옥같은 글귀들이 많았다. 누군가 나에게 책을 읽어준다는 것은 어떤 기분일까? 불현듯 그때를 떠오르니 내게 또 다른 기억이 있다. 그 기억 또한 참 포근했다.

고교 시절, 내가 사는 곳에선 사람들이 많이 몰리는 길목 한 편에 작은 무대를 설치하고 토요일 저녁마다 시낭독회와 음악회가 열렸다. 당연히 지루한 볼거리라 생각하고 항상 그냥 지나쳤었다. 그러던 어느 날 내 발길을 잡는 시 한 편에 그곳에 멈춰 서서 그 누군가의 잔잔한 목소리에 취해 두 편의 시 낭송이 끝날 때까지 들었던 기억이다. 다른 시들은 기억이 안 나지만 그 중 하나가 황동규 시인의 '즐거운 편지'라는 시였다. 너무 좋아한 시여서 그때 그 시 낭송과 함께 흐른 음악에 젖어 눈물을 흘린 기억이 있다. 그 당시 지독한 짝사랑 중이었던 그 시가 내겐 전하지 못한 간절한 고백이기도 했다. 그래서 더 슬펐고 서러운 마음이 컸는데 그 낭독의 힘이 뭔지 누군가 너의 간절한 마음을 다 안다고, 괜찮다고 살포시 안아주는 것 같은 따듯한 기억이 있다. 내게 낭독은 그런 것이다. 그 사람에게 어울리는 단어와 문장들을 모아 진심을 담아 전하는 말.

　난 목소리 콤플렉스가 있어서 평소 사람들 앞에서 말할 때 긴장돼 말을 잘 안 했었다. 그 콤플렉스를 깨고 나는 말하는 것을 직업으로 삼고 있는데, 그 계기가 된 것이 돌이켜보면 낭독이었다.
　대학 졸업 후, 일 년여간 방문 교사로 일한 적이 있다. 책을 대여해 주기도 하고, 아이들과 함께 책을 읽기도 하고, 더 어린 아기들에겐 직접 구연동화를 하며 책을 낭독하곤 했다. 그때 나의 학생 중에 아직 5~6개월밖에 안된 아기도 있었다. 아기가 잠자고 있을 땐 사랑을 속삭이듯 읽어주고, 깨어 있을 땐 방긋방긋 웃는 아기 앞에서 구연동화를 하며 재롱을 부리곤 했다. 그때마다 이 현실감에 타격을 입곤 했는데 학부모님 말씀을 듣고 생각을 달리했다.
　어머니께서 첫아이를 갓난아기 때부터 낭독해 주며 육아했더니 아이가 스스로 글을 터득했다는 것이다. 그리고 낭독하는 소리에 집중해서 경청을 하니 다른 아이들보다 집중력이 좋고 어휘력이 풍부해 표현 능력이 남다르다는 것이다.
　낭독의 진가를 알게 된 이후 아이들과 함께 책 읽는 일에 사명감을 갖고 했다. 무엇보다 아이들이 편견 없이 내 목소리를 좋아해줘서 더 자신감이 붙기도 했다. 아이들과 동화 속 인물들

역할을 정해서 나눠서 읽기도 했는데, 그 어린아이가 내가 맞은 역할의 대상에게 해주는 사랑한다는 말, 위로의 말들이 정말 내게 전하는 순수한 고백 같아서 감동과 위로를 받은 치유의 시간이기도 했다.

이따금씩 시를 읽으며 좋은 구절을 소리 내어 읽어본다. 그리고 전하고 싶은 사람에게 말로 전하기도 하고, 글로 표현하기도 한다. 그리고 오래 기억하기 위해 소리 내서 읽으며 곱씹는다. 머릿속에 저장하기 위함도 있으나 그 감동의 여운이 입가에도 맴돌게 하고 싶어서이다.

나는 현재 놓인 상황이 버거워서 바꾸고 싶거나 고민스러운 순간을 마주했을 때 독서를 하며 스스로를 꺼내주곤 한다. 어느 날은 법구경을 소리 내어 읽으며 내면의 화를 다스리기도 하고, 좋은 글귀로 혼란스러운 마음을 정화하기도 한다. 지친 마음에 활력소 충전하듯 소리 내어 독서를 하는 것은 새로운 내일을 시작하는 힘을 주고, 불편한 감정을 씻어주기도 한다. 나도 의미 있는 구절, 문장들이 내 입에도 익어 누군가에게 그 따듯함과 아름다움을 선사하고 싶다.

문득 임산부가 태교 삼아 뱃속 태아에게 사랑을 속삭이고 책을 읽어주고, 좋은 것만 보고 들으려는 것도 낭독이 아닌가 생각이 든다. 새로운 계획을 실행해야겠다고 다짐했다. 좋은 말과 좋은 생각이 결국은 마음속의 그곳으로 데려가 줄 것이다.

오늘부터 나도 나를 사랑하기 위한 방법으로 한 줄 글귀 낭독을 실천하며 나의 내면을 더욱 단단히 다져갈 것이다. 그리고 진심을 담아 감정 샤워가 필요한 어린 영혼들에게 형용할 수 없는 단어들을 조합하여 낭독해주며 사랑의 주파수를 맞춰갈 것이다. 나에게도 그들에게도 낭독의 시간 동안 위안과 사랑 그리고 자기 성장의 꽃이 피길.

삶의 교량 역할을 해주다

나의 인생 그래프를 그려봤을 때 수직 하강하는 어느 기점이 있다. 나에게 서른은 그렇게 청천벽력 같은 시간이었다. 깊은 상실감으로 정신적으로 육체적으로 많이 힘든 때였고, 이상하게도 많이 다치고 아파서 유독 병원 신세를 많이 진 시기였다. 게다가 가족과의 갈등으로 이해받지 못한다는 생각에 홀로 외딴섬에 고립된 마음이라 우울감도 극에 달했다.

풍전등화 같은 위태로운 시기에 어떤 사정으로 결국 직장을 그만두고 요양 차 3개월여 간 템플스테이를 했다. 그곳에서 지내면서 처음 취지는 좋은 공기 마시면서 편히 쉬다가 가자였는데 예상치 못하게 상황은 점점 이상하게 꼬이기 시작했다. 없던 병이 발병하기도 했고, 스님으로부터 믿기 어려운 사실들을 듣기도 했다. 나는 그 사실에 절망하고 있는데 스님께선 그저 그 많은 번뇌에서 벗어나 내려놓으라는 말씀만 하셨다.

    나는 성장 환경상 항상 암묵적으로 양보를 강요받던 둘째의 서러움을 마음속에 안고 살아왔다. 첫째는 듬직해서, 막내는 귀여워서 어디를 가든 사랑받지만 둘째는 애매함에 밀려 주변의 관심이 뒤처지기 마련이다. 그런 이유로 항상 다른 형제보다 못한, 그림자 같은 존재감에 늘 외로웠다. 내 생각에는 덜 아픈 손가락이었고, 주인공보다는 들러리 느낌이 강했다. 그렇게 자존감이 바닥을 칠수록 결핍된 마음은 다른 누군가에게 형태 없는 사랑을 갈구하기도 하고 그 사랑에 보상받기 위해 애정을 쏟기도 했다. 그렇게 누군가에게 특별한 존재가 되고 싶어서 나의 충만했던 사랑을 그렇게 표현했는지도 모르겠다.

    그런 내가 타인의 관심과 위로가 필요했던 만큼 나는 누군가를 가슴 뜨겁게 사랑하고 믿고 애정을 베푼 것밖에 없는데, 서른이 될 무렵 내가 겪은 시련은 너무 아프고 가혹했다.
    견고하다 믿었던 관계가 틀어지고 믿음이 무너지고 나서야 모든 걸 잃은 기분이었다. 살다 보니 내게 슬프고 괴로운 일이 예기치 않게 일어났는데, '왜 하필 나인 걸까?'란 생각과 함께 모든 불행을 끌어안은 것 같아 세상을 원망했다. 그래서 스님께서 말씀하신 '많은 번뇌와 욕심으로부터 벗어나라.'라는 말이 내

귀에는 온전하게 들리지 않았다. 누구나 다 사랑하며 살아가듯 나 또한 그리 큰 욕심 없이 사랑하며 살아가길 바랐을 뿐인데, 그것이 마치 매우 큰 욕심이라 다그치는 기분이었기 때문이다.

살아가며 수많은 관계 속에서 쌓인 거라고는 사랑과 믿음보다 아물지도 희미해지지도 않은 상처들뿐인데, 내 몫의 아픔을 안고 살아갈 힘을 기르기도 전에 더 큰 시련을 주는 것 같아서 세상을, 그리고 신을 원망했다.

우울함이 극에 달했을 땐 모든 감정에 초연해진 공허함에 모든 걸 포기하고 싶은 나쁜 생각도 했다. 돌이켜보면 얼마나 유리 같은 정신력에 나약한 의지란 말인가. 그런 나의 어리석은 마음을 꿰뚫어 보셨는지 스님께서는 매일 숙제로 법당의 단상을 닦는 것과 새벽 4시에 일어나 마당을 쓸게 하셨다. 그리고 일정 기일이 지나고부터는 매일 천 배씩 절을 하며 마음을 비우라고 하셨고, 법구경 책을 주시며 무지함과 어리석음을 깨우치라고 하셨다. 그땐 이 모든 게 무슨 소용인가 싶어서 그저 숙제로만 여기고 아무 생각 없이 행했다.

하루가 열흘이 되고, 한 달이 되어가면서 조금씩 알 것도 같았다. 세상 모든 불행을 안았다는 불평한 마음에 대해 내가 부모님의 얼마나 큰 사랑과 보호 아래 성장했는지, 온실 속 화초처럼 안온함 속에서 물질적으로 풍족하게 살아왔다는 걸 깨닫고, 부정적 인식을 반성하며 감사한 마음을 가지라는 것과 살아가면서 큰 고생을 해보지 않은 것에 대해 다른 상황도 겪어보며 극세척도(현재의 어려움을 극복하고 새로운 길을 만들어 나감)하는 진정한 어른으로 거듭나라는 것을 말이다. 그제야 스님께서 번뇌에서 벗어나고 마음을 내려놓으라는 것이 무엇이고, 그 수용하는 방법이 무엇인지 궁금했다.

그때부터였다. 틈틈이 법구경 등 종교서적과 각종 심리학 도서를 읽으며 방하착, 내려놓기, 마음 비우기, 욕심 비우기 등 이론적 정의를 찾고, 내가 실천할 수 있는 방법들을 찾기 시작했다. 어느 책 구절에서 "세상 모든 일 중에는 그 누구의 잘못도 아닌 채로 예기치 못하게 일어나기도 하고, 인생이란 자신과의 싸움에서 견뎌내는 것이며, 어떤 상처 건 고통을 감내하다 보면 고통을 받아들이는 법을 배우게 된다."라는 글귀를 발견했다. 결국 내 몫의 아픔을 견디며 살아가는 힘은 그만큼 성장의 시간으로 거듭난다는 것이다. 내가 가장 위기였을 때, 인생을 통틀어서 가장 많이 다양한 분야의 책을 읽은 시기가 아닌가 싶다.

템플스테이를 하는 동안 책을 읽은 까닭은 무엇이라도 붙들고 있지 않으면 나의 나약한 정신이 무너질까 봐서였고, 어느 순간부터는 필요에 의해 특정 분야의 책들을 읽었다. 읽으면서 참 많이도 울었다. 내 처지가 슬퍼서 터진 울음은 종국에는 '이 모든 것이 내 욕심이었구나.'란 걸 깨닫고 오열했다.

게으른 것, 시간을 낭비하며 살아간 것, 삶에 간절하지 않았던 것, 나를 더 사랑하며 돌보지 않은 것, 사람을 미워하고 원망한 것들 등 내 마음속에서 일어난 무수한 감정들이 번뇌였고, 욕심이고 아집과 집착이었음을 깨달았다.

한 권 한 권이 내 인생의 지침서가 되어 내가 살아갈 이유를 만들어주고, 간절하게 삶을 원하게 만들고, 어떻게 살아가야 할지 일깨워줬다.

독서의 힘은 가히 대단하고 위대하다. 그때를 돌아보며 휴식을 취하려 일을 잠시 멈춘 그때, 그 많은 시간 동안 책을 읽지 않았다면 과연 그 시기를 무사히 이겨낼 수 있었을까 스스로 물어본다. 아마 그러지 못했을 것이다. 그때 내겐 독서가 실낱같은 희망이자 내게 기적을 안겨줄 전지전능한 신 같은 존재였다.

인생 그래프에서 수직 하강한 잠시 멈춘 4개월여의 시간은 많은 책을 읽으며 마음을 다독이고 위로받고 반성하고 깨달은 시간이자 스스로를 돌아보면서 비우고 내려놓고 새롭게 채워간 인생의 또 한 번의 기회였다. 그리고 한 권 한 권 머릿속에 채워진 내용들은 인생의 방향을 알려주는 나침반이 되어 내 삶을 새롭게 개척해 제2막으로 연장해 가는 또 다른 삶을 선물해 줬다.

책이란 참 무궁무진한 매력을 가지고 있다. 읽지 않으면 그저 종이뭉치에 불과하지만 펼치는 순간부터는 새로운 삶의 시작점이 되어준다. 이것이 내가 책을 읽는 이유이다.

낭만적 자유를 꿈꾸는 내게 샐리의 법칙이 될 미래

왠지 나는 뭔가 될 것 같은 느낌~ 진짜 좋은 사람들이 함께하네. Lucky~♪ 자, 이제 출격 준비~ 나 오늘 폼 미쳤다~ 길을 비켜라~♬

요즘 내가 흥얼거리고 있는 노래이다.

꽁꽁 언 잔혹한 추위에 점점 굽어가고 시들어가는 이때, 문득 나의 폼이 절정으로 미쳤을 때가 언제인지 궁금해졌다. 지금도 충분히 빛나는 나날이지만 그래도 나의 폼이 미쳤고, 찢었던 시기를 찾으려 과거를 회상했다. 그래, 나의 전성기, 나의 노다지는 이때이다.

초등학교 시절에는 분기별 중간고사와 기말고사를 보았다. 거기에서 등수별, 과목별 1등들이 학력상을 받으러 조회대에 올

연소연

라 상장을 받았다. 여러 이유로 올라가 본 적 없는 나는 조회대에 오르는 것이 작은 소망이었다. 그 간절함을 이룬 것이 나의 고교 시절이다. 그때가 나의 전성기이자 호시절이다.

고교 3년 동안 문예부 활동을 하면서 교지 편집 위원으로서 직접 교지를 창간했다. 우연한 기회로 고1 때 교내 백일장에서 대상을 수상한 이후로 국어 선생님이신 담임 선생님을 비롯해 작문 선생님의 권유로 시 공모전과 시·도 대회에 많이 참가해서 입상을 했다. 그렇게 글짓기 부문에서 두각을 나타내면서 소망하던 조회대에 올라서 여러 번 상을 받았고, 글쟁이로 입소문 좀 났었다. 학교 축제 사회 멘트며, 수학여행 후기, 그리고 여러 편의 시 등 교지에 내 글이 실리지 않은 적이 없었다. 그렇게 로켓 수준으로 고공 행진하던 때라 오만하기도 했다. 게다가 나의 글쓰기 수상 경력은 대학 입학과 면접 때 큰 작용을 했고 많은 도움이 되었다. 이렇게 나의 호시절인 학창 시절엔 글이 낭만적 자유요, 돈 안 들이고 멋 부린 아름다운 사치였다.

자만이 하늘을 찌른 채 대학교에 입학해서는 학과 공부는 내려놓고 예술과 창작을 논하며 연필 대신 술잔을, 전공서 대신 문학서를 끌어안고 절명의 시대를 논하기도 했다. 문학은 시대의 거울이라 외치며 글로써 세상을 바꿔보겠다는 당찬 포부로

학과 공부는 등한시한 채 공모전에 많이 출전을 했다. 하지만 많은 습작과 공모전 도전에도 탈락이란 뼈아픈 고배를 마신 시간은 내 실력을 재평가하는 시간이 되면서 오만했던 콧대를 겸손하게 만드는 계기가 됐다. 그래도 돌이켜 생각해 보면 글 쓰면서 창작의 고통은 있었을지언정 그 순간은 언제나 행복했다.

한편 기분이 우울해질 때, 처절하게 외로울 때, 잔혹한 일상에 잠겨 들 때마다 한 잔 술에 취해 글을 쓰기도 했다. 글이 더 잘 써진다는 이유로.

그런 날 보는 친구들은 글쓰기 위해 취하는 건지 취하기 위해 글을 쓰는 건지 헷갈리면서도 자신들의 고민이나 에피소드를 소재 거리로 귀띔해 주기도 했다. 그들의 사연과 나의 경험들은 머릿속에서 리듬을 타다가 글이 되고 시가 되었다.

예술은 기억과 경험의 산물이요, 창작의 고통은 성장의 선물이라 했던가. 한때는 그렇게 습작에 빠져 그 시간에 살며 즐기곤 했다. 게다가 궁금증과 호기심이 만들어낸 엉뚱함은 날 일상다반사의 나날로 이끌었고, 그런 시끄러운 일상을 글로 풀어 SNS에 공유하곤 했다. 그럴 때면 사람들은 나의 글이 마치 살아있는 것처럼 생기 있고 맛깔나다고 평가했다. 내가 언어유희를 즐기는 편이라 그런 재미를 선사하고 싶은 의도도 다분했다.

독서와 글쓰기를 지도하면서 나는 나의 상황들과 기록들을 학생들과 많이 공유하곤 한다. 살아가면서 혜안을 넓히고, 자기 내면의 작은 변화를 들여다보며 글로 표현하는 것이 얼마나 큰 위안이 되는지 알게 하고 싶다. 그래서 글쓰기는 특별한 일상을 살아가게 하는 동력이 됨을 말해준다. 다양한 경험이 변화를 이끈다는 것을 몸소 깨닫게 해주기 위해 매년 학생들과 글짓기 공모전에 출전하기도 하고, 교육원 내에서도 다양한 글쓰기 이벤트를 시행하고 있다. 이런 도전의 결실로 2021년에는 학생들과 함께 출전한 고전 읽기 백일장에서 대상인 대통령상을 수상하는 영광을 누리기도 했다.

'나는 왜 글을 쓰는가.'
글을 쓰는 이유를 고찰해 보니 내게 글쓰기는 처절한 외로움과 아물지 않는 상처를 견디는, 그 애잔한 마음을 안아주는 이유였다. 그리고 온전히 본연의 나로 돌아가는 시간이고, 나의 본질을 일깨워주는 거울이 되어주었다. 글쓰기는 일상다반사인 내 스펙터클한 일상을 특별한 매일로 전환하는 수단이고, 웃음과 눈물 버튼이다. 무엇보다 나의 글이 생명의 수액이 되어 사람의 마음을 움직이고 변화를 주는 감로수 역할을 하길 바랐다.
나는 그 간절한 바람을 소원하며 오늘도 끄적인다. 너와 나의 삶의 편린들을 모아서.

이미옥

청소년을 대상으로 하는 놀이식한국사 강의, 놀이교육지도사, 그림책 낭독가, 독서지도사, 학교안전교육지도사, 디지털교육지도사, 글쓰기와 독서를 기반으로 하는 융합교육전문가.
한국출판문화산업진흥원 우수지도자상
현) 교육청 인가 한국평생교육원 강사
현) 한국상담협회 강사
현) 한국인재개발원 강사

누군가의 탐독은 나에겐 노동이다

수많은 책들 사이에서 나는 책을 찾아 줘야 하는 직업적 숙명이기에 그랬던 것이다. 작은 종이쪽지 하나를 손에 꼭 쥐고 똘망똘망 눈빛을 내면서 다가오는 아이들이 있다. 단순히 찾아주는 행위보다는 청구기호 읽는 법을 알려주고 그 책이라는 보물에게 다가가도록 유도를 한다. 눈에 뻔히 보이는 곳에 있어도 나는 알려주지 않는다. 눈길이 그곳에 닿도록 계속 이끌어갈 뿐이며 찾았을 때 아이는 소리 없는 아우성을 친다. 그래! 책을 발견할 때의 기쁨을 느낀 것이다. 그리고 그것을 탐하며 읽어가는 아이들의 모습은 환하게 빛난다.

책에 다가간 나의 계기는 학부모 글쓰기 수업이었다. 아이들에게 책을 읽는 재미와 더불어 독후 활동을 해주고자 시작되었다. 문과와 거리가 멀었던 나는 쉽게 글이 써지는 경험을 하고 나니 좀 더 이 분야를 공부하고 싶었다. 그래서 대학원 진학을 하게 되었다. 그것이 독서 경영이었다.

글쓰기를 배우려던 나의 단순한 호기심 영역은 독서를 기반으로 하는 모든 영역으로 확장되었다. 자기경영, 지식경영, 기업독서, 벤치마킹 전략, 독서세미나 등 각 분야로 뿌리가 점점 뻗었으며 매 학기를 끊임없이 공부하고 발전해 나갔다.

독서의 즐거움을 깨닫게 되면서 전공과 관련된 책들을 기초부터 읽었고, 그 지식에 대한 탐함이 책 세상으로 나를 이끌었다. 읽었으면 실행을 해야 한다는 생각이 들어 독서 세미나와 관련 동아리 활동에 참여하였고 글을 쓰는 여러 영역에도 도전을 하였다. 또한 이 분야에 몸을 담아 실전을 경험하고 싶어 도서관 근무에도 지원하였다.

누가 책만 읽는 우아한 직업이라고 하였는가? 절대 아니다. 어찌 보면 책 옆에 있지만 책을 가까이할 수 없는 슬픈 숙명을 가진 업무이다. 2층 청소년, 일반도서보다 1층 유아, 어린이 도서 영역에서 주말 근무를 하면 수많은 아이들의 책 문의를 들어줘야 하고 서가 정리에 혼이 쏙 빠진다. 정리하고 돌아서면 북트럭에 책이 가득하다. 청구기호만 보면서 정리에 정신없이 움직이면 나는 누구, 여긴 어디?라는 말이 절로 나온다.

그러나 생각을 전환했다. 아이들 검색 종이는 현실에서는 노동이지만 내 세계에서는 보물찾기 메시지이다. 그리고 북 트럭에 놓인 책 제목들도 나에게는 반짝반짝 목록이다. 왜냐하면 어린이 독자들이 원하는 진정한 현재 트렌드를 파악할 수 있기 때문이다. 아이와 대화를 하면서 찾다 보면 이 책을 왜 좋아하며 읽고 싶은지도 알게 된다. 아이의 책은 '진흙 속의 진주'로 바뀌어 결국 나에게 다가온다. 따라서 내가 하는 발상의 전환은 기쁨이 된다.

앞서 말한 아이의 친구가 자신은 도저히 못 찾겠다고 검색 쪽지를 가져왔다. 나와 아이는 이것을 찾아 책의 바다에서 삼만 리이다. 하지만 도저히 방법이 없어 다른 분에게 SOS를 외쳤다.

아차! 아이라는 프레임에 갇혀 나는 '아동도서' 쪽에서만 이것을 찾았던 것이다. 아이들도 일반도서를 읽을 수 있는 법인데 틀에 갇혀 어린이 도서관에서만 보물찾기를 하였다. 아까 청구기호 읽는 법을 가르쳐 줬으니 2층 일반도서에서 찾아보라고 알려주었다. 쪼르륵 다람쥐처럼 2층으로 올라간 아이들은 정신없이 일하는 나에게 다가와 "선생님! 저 찾았어요!"라면서 미션 완료를 기쁘게 보고한다.

폭풍 칭찬을 받은 아이들은 도서관 모퉁이에 자리를 잡고 책을 읽어가면서 도토리 저장고처럼 관련 책들을 가득 쌓아 둔다. 즐거운 탐독 놀이터로 빠져들었기 때문이다.

나에게 북 트럭 위 책들은 탐독 세계로 가는 터널이다. 1층 유아 어린이 영역에서 만나게 되는 수많은 그림책과 문고들은 다양한 색감과 호기심이 가득 담긴 제목들로 나를 유혹한다. 기록해 뒀다가 나중에 찾아서 대출을 하고 파고들기 독서를 시작한다. 즉 노동이라고 생각한 일이 탐독의 세계로 이끌어가는 황금 열쇠가 된 것이다. 또한 2층 청소년과 일반도서는 시류를 읽을 수 있고 꾸준히 사랑받는 인문 고전을 만나는 통로가 된다. 재레드 다이아몬드의 '총균쇠(인간 사회의 운명을 바꾼 힘)'도 그렇게 만난 책이었다. 책장에 꽂힌 두꺼운 책으로 만났다면 스쳐 지나가며 사라질 영역이지만 노란 북 트럭에 놓인 탐독 인연은 그렇게 맺어졌다.

인류의 문명이 발달적으로 차이가 나게 된 이유는 그것이 지리적, 환경적 특징이고 그로 인해 식량의 생산량이 달라서 생존이나 종족번식에도 영향을 미쳤기 때문이다. 역사를 좋아하는 나에게 인류사를 이렇게 풀어낸 책은 탐하면서 나아가기에 적합하였다.

"좋은 책을 읽는 것은 과거 몇 세기의 가장 훌륭한 사람들과 이야기를 나누는 것과 같다."

근대 철학의 아버지라 불리는 르네 데카르트의 말이다. 하얀 종이, 그리고 노란 반납 트럭은 그 수많은 저자를 만나게 하는 길이다. 인연이 닿지 않을 수도 있는 책들을 필연으로 만나게 되는 나는 퇴근하면서 탐독 행복 꾸러미를 한아름 안고 인류 최초 달 표면에 발자국을 남긴 닐 암스트롱처럼 오늘도 나만의 탐독 리스트에 큰 자취를 남긴다.

"쿵."

약인가? 독인가?

도서관 서가 사이사이 반짝반짝 빛나는 아이들이 있다.

'나를 봐 주세요! 여기 나를 봐주세요! 당신이 원하는 것은 여기 있어요!'

그렇게 말하는 책을 꺼내 손에 들고 자리에 가서 앉는다. 선택을 통해 결정된 아이들과 나의 한판 승부가 이제부터 시작된다. 시간과의 싸움! 천천히 읽을 시간이 있었다면 이렇게 고르지 않았을 것이다. 째깍째깍 나에겐 시간이 부족하다.

한 주제에 대한 보고서를 쓰기 위해 다양한 책을 펼쳐 두고 조합한다. 그리고 결과를 빠르게 도출해 내야 하는 미션이 주어지면 책을 완독하기보다는 필요한 핵심만 써야 하기에 이때 발휘되는 능력은 발췌독이다.

비가 온 뒤 갠 하늘 위에 뜬 무지개에서 유독 눈에 들어오는 색이 있다. 그날 눈에 쏙 박힌 그 색은 나의 감정에 따라 다채롭게 변하기도 한다. 또 기분에 따라 노란색의 표현 방법도 노랗다, 노르스름하다, 노르끄레하다 등등 우리나라 말의 다양성이 책 속에서 발췌한 구절에도 적용되어 어떤 때에는 확 와닿다가 다른 때에는 갸웃거리는 날도 있다. 이것도 발췌독이다.

지난 명절 추석 때 나는 '꿀에 버무린 깨 송편'만 쏙쏙 골라 달콤한 맛을 즐겼다. 콩과 밤이 들어간 송편을 쓱쓱 치워버리고 꿀과 깨를 버무린 달콤한 녀석만 신나게 맛본다. 발췌독은 그런 것이다. 그때 당시 상황에 맞춰 골라서 보는 능력을 잘 갖춘 사람들이 주로 쓰는 방법이다. 나에게 필요한 것만 쏙쏙 발췌하는 것이 유익한가, 무익한가라는 의문이 생겼다.

그럼 발췌독의 본질로 들어가 보자. 경영학이나 마케팅에서 흔히들 말하는 파레토 법칙을 들어본 적이 있다면 설명하기가 쉽다. 8:2의 법칙에서 핵심은 숫자다. 2라는 숫자에 저자의 핵심이 담겨있고 8이라는 숫자에는 그것을 부연 설명하기 위한 스토리를 넣는다. 즉 우리가 꺼내야 할 핵심 내용인 2를 위해 우리는 발췌독을 한다.

발췌독은 독서의 효율성을 극대화하는 방법 중 하나로, 특정 도서를 깊이 있게 읽지 않고도 필요한 정보나 핵심 내용을 빠르게 파악할 수 있도록 도와준다. 그것을 위해서는 먼저 책의 목차를 주의 깊게 살펴보고 구성 요소를 파악하여 필요한 정보가 포함된 문장들로 자신만의 요약본을 만들 수 있다. 또한 책의 서문은 내용을 간략하게 소개하고 주요 핵심사항을 강조하는 역할을 하므로 이 영역을 들여다봐도 좋다. 이 모든 발췌를 종합하여 독자는 책의 전반적인 내용과 핵심 사항을 파악할 수 있다. 빠르게 지식을 습득하기에 최적인 독서법이다. 흔히들 일상에서 자주 접하는 발췌독은 신문이나 법조문에서 자신에게 적용할 맞는 글을 찾을 때 활용한다.

나의 예를 들면 한국사 수업을 준비할 때 활용하는 것이 발췌독이다. 대략적인 연표를 머릿속에 그려 놓고, 인물과 사건을 잘 조합한다. 그렇게 하면 연관된 책에서 왕과 그의 업적을 빠르게 찾기 쉽고, 오늘 전달할 강의의 핵심 키워드가 재미있게 구성되며 스토리를 입히기에 유용하다.

책의 본질을 잘 파악하고 있는 자에게는 올바르게 쓸 수 있는 최고의 약이다. 그러나 매번 책의 맛난 것만 쏙쏙 뽑는 이 방법으로 읽는 것이 모두 다 옳은 것은 아니다. 한 주제로 일관하기 이로우나, 한쪽에 치우친 사고와 다각도로 보지 못한 발췌독은 저자의 본질을 곡해할 수 있기 때문에 위험하다. 일명 '양날의 검' 또는 '잘 쓰면 약이요 못 쓰면 독이다.'라고 말할 수 있다.

나름 N 잡을 하며 엄마, 아내, 딸로 1인 다역을 하는 나는 발췌독을 할 수밖에 없는 상황에 종종 놓인다. 조용한 곳에 앉아 정독을 하기엔 찾는 이가 많다. 그렇다면 나에게 이 독서법은 유익한가? 즉 약인가, 독인가 하는 갈림길에 선다. 효율적인 시간관리, 적합한 도서 탐색, 정보 습득의 효율성, 독서 경험의 다양성을 따져보면 정말 '약'인 독서법이다. 하지만 가끔은 뭔가 아쉽다. 설익은 밥을 먹는 것처럼 입이 깔깔하다. 제대로 들여다보지 않아 이게 맞는 것인지 의문일 때도 있고 저자가 말하는 것과 내가 찾는 그것의 합의점을 잘 보고 있는 것인지 확신이 서지 않을 때도 있다. 그럴 때는 이 발췌독을 놓아야 한다. 즉 '독'인 것이다.

이렇듯 발췌독은 우리에게 두 가지의 길을 다 제공한다. 나는 전체 흐름을 파악하고 책의 핵심인 알맹이를 뺄 수 있는 자각을 가지기 위해 오늘도 '약'과 '독'의 경계에 서 있다.

나에게 질문을 하고 책에게 조언을 구할 수 있는 빠른 지름길인 이 양날의 검을 두려워하지 말자! 시간의 효율성을 기반으로 얻은 지식과 그것을 검증해 나가는 방법을 같이 활용한다면 나만의 무기로 변모할 수 있다. 따라서 이런 경험이 없다면 진정한 발췌독의 목표에 도달하지 못할 것이기에 오늘도 나는 도전한다. 발췌독!

그렇게 우리는 태어나기 전부터 정독의 세계에 들어와 있다

<U>인간관계의 첫 시작은</U> 가정! 태어나면서 우리는 이 영역 안에서 즐기듯 책을 읽는다. 부모가 육성으로 읽어 주는 따뜻한 책 읽기가 그것이다. 태교로 배 안에 있을 때부터 감정을 가득 담아 사랑으로 만나는 그림책은 작가가 전달하고자 하는 의도와 읽는 이의 마음까지 합쳐 책과의 인연이 시작된다. 그렇게 우리는 간접적으로 정독을 만난다.

그러나 진정한 사회생활은 나와 혈연으로 맺어진 관계가 아닌 타인과의 접점으로 가득한 학교에서 시작이 된다. "제대로 읽어야지!"라는 말을 수시로 듣고 자랐던 기억이 있다. 독자분들도 곰곰이 생각해 보면 이 말이 익숙할 것이다. 쉽게 말하지만 알고 보면 어려운 독서법이 '정독'이다. 기본으로 가는 길이 정석이기에 우리는 독서법으로 정독에 제일 많이 노출된다. 성

인인 나도 이 독서법에 대해 제대로 이해하고 깨달은 것은 오래되지 않았다.

지난 늦가을 무렵 지역 매거진 작업에 참여하면서 글을 쓰고 다듬으며 만들어지기까지 얼마나 많은 노고가 들어가는지를 경험한 적이 있다. 일명 아카이빙 작업이었다. 내가 살아가는 지역에 나의 삶을 녹여 글을 쓰는 작업도 힘들지만 그것을 책자로 만들어가는 과정은 더욱 꼼꼼하게 진행이 된다. 책이 출간되기까지는 여러 사람에 의해 다듬어져 우리의 손에 쥐어진다. 로컬 매거진 또한 이럴진대 집단 사회생활의 시작인 학교에서 만나게 되는 교과서는 오죽할까?

의무교육 대상자라면 단 하나도 놓침 없이 만나며 수많은 전문가의 집약체로 완성된 책인 교과서! 우리가 어릴 때부터 친숙하게 접해서 쉽게 놓치기 쉬운 책이다. 그것으로 나는 이번 챕터 정독을 풀어보고자 한다.

현재 나는 한국사 수업을 진행하고 있다. 학창 시절에는 많은 양의 역사적 사실을 짧은 시간 안에 빨리 습득해야 했다. 프린트를 내주고 입시의 영역으로 빼곡히 칸을 채워가며 배웠던 방식이 기억난다. 그래서 한국사가 싫었다. 그러나 성인이 되고 알게 된 한국사는 외할머니가 들려주던 전래동화 같았다. 원인과 결과의 흐름을 알게 되고 시대별로 사람이 살아가는 방식이 담겨있다는 것을 깨닫게 되면 암기과목이 아니라 이야기가 된다. 그 묘미를 알게 되었기에 아이들에게 놀면서 배우는 한국사 스터디를 시작한 것이다.

우리나라 역사를 배우면서 시대의 흐름을 알고 우리네 인생살이에 접목하면 보다 예측할 수 있는 삶을 살 수 있다. 그것을 깨달은 '나'이므로 강의를 준비하기까지 많은 고민을 한다.

아이들은 매주 나를 만날 때마다 이론과 활동을 연계하여 같이 하니 즐겁겠지만, 예전 학교에서 배웠던 딱딱한 방식을 벗어나 다른 방법으로 어떻게 하면 재미있게 전달할지가 나의 가장 큰 고민이다.

도서관에서 이것저것 한국사 관련 책들을 통독하면서 원점으로 돌아온 것은 교과서 정독이었다. 그 시작은 교과서의 **뼈대 파악**이다. 목차에서 큰 숲을 그리고 단원별로 된 나무들을 만나면 이제 그 속의 열매를 딸 차례이다. 행간의 숨은 뜻을 파악하고 전달하려는 중요 키워드를 잡아가면서 꼼꼼히 읽어 내려간다.

'아! 이것이 왜 그 시절에는 보이지 않았을까?'

아이들과 숨은 그림을 찾듯 우리는 보물을 찾아 나간다. 즉 정독의 묘미를 알아가고 있는 것이다.

초등학교 아이들이 놀이식 정독이라면 중등학교는 문해식

정독이다. 용어가 어려워 정독이 안 되는 경우가 많아 풀어내는 수업이 주를 이룬다. 요즘 아이들은 문자를 해석하는 능력이 부족하기에 정독과 함께 더불어 용어 정리를 같이 진행한다. 예를 들어 아래와 같이 용어를 풀어보자.

* 뗀석기와 간석기
  돌을 떼어내고 갈아낸다. (구석기와 신석기의 차이)
* 독서삼품과 (讀 : 읽을 독, 書: 글 서, 三: 석 삼, 品: 물건 품, 科: 품등 과)
  신라 시대에 귀족만 유교 경전의 이해 수준을 상·중·하의 삼품으로 나누어 성적을 심사하고 결정하여 관리로 등용하던 제도
* 양반
  문반과 무반이 합친 것이 양반
* 임진왜란
  임진은 우리나라 전통 달력 체계 중 10간(干)과 12지(支)를 결합하여 만든 60개의 간지(干支) 중 하나, 왜(倭)는 일본을 지칭, 난(亂)은 '어지럽힌다'라는 의미

이렇듯 해석을 하고 이해하면 단어가 어렵게 느껴지지 않는다. 그러므로 본질을 알지 못하고 외우기만 하는 강의는 의미가

없기 때문에 풀어주는 문해식 정독 수업이 적합하다.

배움은 쉬워야 한다. 그것에 재미라는 부스터가 달리면 우리는 자유롭게 날 수 있다. 즉 정독을 제대로 하게 되면 작가가 숨겨 놓은 재미있는 퍼즐 게임을 정확히 파악하여 즐거운 책 세상으로 빠져들 수 있다. 이 얼마나 흥미로운 일인가?

책을 읽으면서 다양한 문체와 문장구조를 접하고 습득한다. 그리고 문장이 주는 의미를 파악하는 능력을 키우면 어떤 책이든 자신만의 책으로 만들 수 있다. 빨리 깨닫지 못해 아쉽지만 지금부터라도 늦지 않았다. 우리, 같이 매혹적인 정독의 길로 빠져보자!

씹고 뜯고 맛보며

마음만 먹으면 어디서든 활자로 된 글을 볼 기회가 넘쳐나는 시대이다. 비단 오프라인이 아니라 온라인으로도 전자책, 오디오북 등 다양한 형태로 만나볼 수 있다.

새로운 재미 그리고 유익한 정보가 가득한 세상 속에서 재독을 생각하면 그건 결국 내게 의미가 있는 책을 다시 들여다보는 것이 아닌가?

초보 독서가 시절, 발을 아장아장 내딛는 나에게 첫 재독의 느낌을 준 것은 모치즈키 마이 작가의 '보름달 카페'였다. 마음이 힘들어 누군가의 위로가 절실히 필요할 때 조용히 한 장소를 찾아 첫 페이지를 넘긴 기억이 있다. 일러스트에 폭 빠지면서 글을 읽으니 작가는 나를 작품 속 뫼비우스의 세계로 데려갔다.

첫 번째로 책을 읽었을 때는 작가의 스토리에만 집중을 했지만, 읽을 때마다 작가의 표현과 언어, 색채감 있는 묘사에도 주목했다. 책 속으로의 또 다른 여행이 시작된 것이다.

이 여행은 미지의 세계로 나를 인도한다. 내가 이미 알고 있던 이야기였지만, 새로운 관점에서 보니 이전에 놓쳤던 아름다움이 더 돋보인다. 작가는 감정과 생각을 풍부한 언어로 전달하고 나는 마치 그의 마음과 영혼에 공감하듯 스며든다. 시간이 어떻게 흘렀는지 모를 만큼 나는 빠져들었다. 눈을 감고 상상하며 책 속 여행을 함께 한다. 우연히 눈에 띈 한 장면이 내 마음을 더욱 사로잡는 것은 다시 읽었기에 가질 수 있는 경험이다.

그 순간, 나는 작가의 의도와 메시지를 더 깊이 이해한다. 이것이 재독의 묘미이다. 책을 덮고 나서, 나는 작은 도서관 안에서 벌어진 이 즐거운 여행의 여운에 취해 있다. 보물 같은 경험의 세계로 나를 인도하여 새로운 길을 열어준 재독과의 재미를 느낀 첫 만남이었다.

재독은 한 번 읽었던 책에 대한 추억으로 다시 읽기도 하고, 자신이 읽은 것에 대한 정리를 위해서도 필요하다. 책을 흡수하는 것에 있어 1회독으로 모든 것을 다 이해할 수는 없다. 읽고 또 읽으면서 행간 속 숨은 저자의 의도까지 샅샅이 파헤치면 결국 우리에게 진정한 열매를 선사한다.

재독을 활용하는 방법은 다양하다.

첫 번째, 학습을 목적으로 특정주제와 관련된 분야의 책을 읽으면서 이해도를 높이고 핵심 개념을 숙지할 수도 있다.

두 번째, 문학적 즐거움을 얻기 위해 캐릭터의 복잡한 심리, 줄거리, 세부사항을 도식화하면서 깊이 이해하고 작가의 은유적인 표현과 전달하고자 하는 메시지를 파악할 수 있다.

세 번째, 자기계발을 위해 다시 읽으면서 이전에 놓쳤던 인사이트를 찾아내고 개인의 성장에 대한 통찰을 얻을 수도 있다.

네 번째, 문학작품을 읽으면서 작가가 가진 문장 구조와 언어구사력을 분석하여 자신의 글에도 녹일 수 있다.

위에 기술한 활용법 중 나는 세 번째를 적용한 재독을 주로 활용한다.

재야의 명서인 '세이노의 가르침'을 아는 분들이 많을 것이다. 2023년 3월 2일에 정식 출판되어 지금까지도 베스트셀러 목록에 있는 이 책은 작가의 의도도 좋지만 읽을 때마다 다른 의미를 나에게 준다. 2000년부터 발표한 세이노(Say No)의 주옥같은 글들은 독자가 자발적으로 제본하여 아는 사람들끼리만 공유하던 책이었다. 그가 직접 실행하고 경험한 노하우를 담고 삶을 이떻게 살아가야 하는지에 대한 고민을 기록해 놓았다. 스스로의 인생을 대함에 있어 자세를 바로잡고 피보다 진하게 살며 노력이라는 치열한 가치의 진가를 잘 나타낸 책이기에 읽을 때마다 다른 맛을 느끼게 한다. 재테크 기법이 엄청 나열된 후킹 책이 아니고 뼈를 때리는 문체로 가슴을 훅 후벼 파는 채찍용 책이다.

그래서 나는 세계에서 가장 베스트셀러로 꼽히는 '성경'처럼 침대 머리맡에 두고 세상을 사는 가이드(Guide)로 여기며 가까이 두고 있다. 읽고 또 읽기를 반복하면서 씹고 뜯고 맛보며 즐기니 진정한 맛을 알게 된다. 즉 재독이 제대로 효과를 발휘하는 것이다. 작심삼일이란 말을 깨는 것은 3일마다 다시 계획을 세우는 것이다. 나태해질 순간이 오면 이 책을 편다. 그리고 나에게 따끔한 채찍을 휘두른다.

착! 한겨울에 얼음 물을 뒤집어쓰듯 정신이 번쩍 든다.

"내가 책을 읽을 때 눈으로만 읽는 것 같지만 가끔 나에게 의미가 있는 대목, 어쩌면 한 구절이라도 우연히 발견하면 책은 나의 일부가 된다."라는 윌리엄 서머셋 모옴의 말이 있다.

재독을 할 때마다 가슴속 깊이 들어오는 문구를 느끼면서 책을 멘토로 삼기 잘했다는 생각이 나를 지배한다. 어느 시기와 상황 그리고 내가 찾고자 하는 목표에 대한 욕구에 따라 책은 독자에게 다채롭게 다가온다. 이것이 재독의 힘이라고 생각한다.

누구나 자신의 인생 책이 있을 것이다. 아마 없다면 지금이라도 만들면 된다. 그 책은 읽을 때마다 다른 색으로 다가올 것이며 젊은 시절에 만났을 때와 지금 나이가 익어가는 무렵에 만나게 되면 또 다른 느낌으로 다가온다. 또는 성장을 도와주는 동반자로 새로운 지식과 지적 호기심을 만족시키며 자신의 생각과 감정을 풍부하게 만들 수도 있다. 만날 때마다 색다른 매력을 보여주는 독서법, 재독을 당신의 친구로 옆에 두기를 바란다.

이파라파 선생님

'이파라파 냐무냐무, 이파라파 냐무냐무'

이 글을 읽으시는 분 중에 이 글귀를 아는 분도 계시고 아니면 도대체 이게 무슨 소리인가 하시는 분도 계실 것이다. 이것은 이지은 작가님의 '이파라파 냐무냐무'라는 책 속에서 털복숭이 주인공이 외치는 소리이다. 초등학교 아침 독서 20분 동안 도서관을 울리는 즐거운 의성어이자 나의 낭독 음성이기도 하다. 배정 시간이 짧기 때문에 빠르고 정확하게 전달해야 듣고 있는 아이들의 눈이 번쩍 귀가 쫑긋하기에 배에 힘을 꽉 주고 우렁차게 그림책을 이야기하는 것이 포인트다! 이때 퍼지는 그림책 화면과 소리의 효과는 집중력을 끌어올린다. 신나게 떠들던 아이들은 친구들과 만난 반가움을 뒤로하고 점점 이야기 속으로 빠져든다. 이후에도 나를 만나는 아이들은 "이파라파 선생님이다."라고 말을 건네고 조잘조잘 책 이야기를 꺼내면서 그 날을 회상한다.

낭독은 단순히 문자를 눈으로 읽는 것이 아니라 청중이 있다는 전제하에 낭랑한 음성으로 글의 이미지나 정서를 표현하는 것이 묘미이다. 글의 내용을 충분히 이해하고 작가의 의도와 나의 감정을 담아 음의 고저, 장단, 완급을 조절하면서 잘 전달하는 독서법이다. 소리를 내어 읽는 음독의 영역이지만 다른 사람들이 들을 수 있다는 것을 전제로 큰 소리로 읽는 것이 음독과 낭독의 차이점이다.

"좋은 책은 친구 중에서도 가장 좋은 친구이다. 현재도 그리고 앞으로도 변하지 않는 것이다."라는 태퍼의 명언이 있다.

책이란 좋은 친구를 만나는 방법 중 가장 처음으로 제대로 만나는 것이 낭독이다. 뱃속 아기에게 엄마의 음성으로 들려주는 첫 독서이고, 유아기와 아동기에 자주 접하는 소리 독서이므로 중요성에 대해서는 더 논할 것이 없는 독서법이다.

낭독의 영역을 조금 더 들어가 보면 낭송, 낭영이 있다. 주로 문학 작품이나 연극의 대사를 읽을 때 적용된다. 청자들에게 흥미롭고 의미 있는 경험을 다양하게 제공하고 작품의 감정과 감성을 더욱 생생하게 전달하는 것이 핵심이다. 글을 읽는 것에 중점을 두지 않고 말로 듣는 방식으로 접근하는 독서법이므로 낭독자의 창의성과 표현력이 듣는 이의 상상력을 자극하기에 독서를 입문하는 영역의 사람들에게 쉽게 접하고 재미를 선사한다.

　지난여름 나의 둘째 아이는 처음으로 시를 읽는 낭송대회에 나갔다. 그해 여름 5시간이 넘는 대수술을 하고 퇴원 후에 아이는 꼼짝없이 집 안에만 있어야 했다. 주변에는 바다와 계곡을 다니며 신나게 노는 SNS 사진들이 가득했지만, 우리 가족은 집콕 모드일 수밖에 없었다. 그런 아이에게 무엇을 주어야 이 시기를 잘 보낼 수 있을까 고민하던 나에게 교육도서관 플래카드가 눈에 들어왔다.
　이후 시를 사랑하는 지인 사서 선생님께서 추천해 준 김미희 작가님의 "달님도 인터넷해요."라는 시는 아이의 정서에 찰떡이었다. 시원한 에어컨 밑에서 핸드폰으로 인터넷 세상을 누비는 일을 여름 내내 할 수밖에 없는 아이의 공감을 이끌어 낸 것이다. 낭랑한 음성으로 시의 맛을 살리면서 딸이 읽어주는 동시는 동심의 세계로 나를 이끌고 들어갔다. 등장인물로 선생님과 아이들 3명을 설정하여 이 시에 기대감, 아쉬움, 안타까움이라는 감정을 다채롭게 담아 읽어 주었다. 낭독의 진정한 세계였다.
　대회 당일 매일 연습을 하던 아이는 손과 발에 모두 깁스를 한 채 다소 떨리는 음성으로 무대 위에 올라 낭독을 하였다. 긴장한 모습이 역력했지만 두려움을 이겨내고 끝까지 의미를 담아서 잘 읽어주었다. 그 결과 맛깔나게 살린 시는 아이에게 대상을 안겨주었다. 여름 방학 동안 몸은 아프고 마음이 우울했던 아이는 해맑은 동시 낭독가로 우리 가족에게 돌아왔다.

처음 도전한 낭독의 영역은 아이에게 새로운 세계를 열어주고 나에게는 또다른 꿈을 꾸게 하는 계기가 되었다. 내가 하는 영역에 자신감을 불어넣어 주고 같이 만들어가는 재미를 깨달았기 때문이다.

기회가 되면 장애인을 위한 음성 책 서비스나 독서 장애를 가진 사람들이 쉽게 책을 이용할 수 있는 음성 책 서비스의 영역에도 도전하고 싶다. 낭독을 활용하여 독서에 대한 관심을 유발할 수 있는 프로그램은 무엇이 있을까 하는 아이디어로 나는 즐거워지고 있다.

우리는 가끔 독서 정체기가 올 때도 있다. 어른이 되고 책을 읽는 재미를 알아가는 나에게도 갑자기 그 시기가 찾아온 것이 아이의 시 낭송과 맞아떨어졌다. 준비 과정에서 연기하듯 흠뻑 빠져드니 스르르 다시 독서의 재미를 알아갔다. 눈으로 글을 읽어도 책 속 세상으로 들어가지지 않고 겉돌면서 정독에 집중이 안 되는 경우가 있다. 그럴 때 앞선 낭독 경험을 통해 나는 누군가에게 소리 내어 글을 말로 읽어가는 방법을 제안한다. 그럼 청독과 연계되어 자신에게 들려주는 낭독의 힘이 발휘된다는 것을 알게 된다. 그렇게 되면 겉돌던 나의 책 사색 시간은 점점 집중의 세계로 빠져들면서 책 권태기에서 건져 내어 다시 신나는 책 세상으로 빠져들게 된다.

음성이 주는 힘! 이것이 낭독의 매력이다.

블랙홀 독서

아장아장!

"와~ 엄마! 엄청 많다. 진짜 많다."

다다다.(뛰어다니는 소리) 집 근처 도서관 어린이 코너에 처음 들어갔을 때 아이가 했던 말이다.

그렇다. 세상엔 책이 너무 많다.

우리는 한평생 내가 보고 싶은 책을 다 보지도 못하고 삶을 마감한다. 인류는 많은 지식을 종이에 써 내려왔고 지금은 디지털 세계에 담아내고 있다. 그럼 이 많은 책들을 어떻게 하면 효과적으로 읽고 나에게 담아낼 수 있을까? 고민해 보았다.

결론은 깊이의 독서가 아니라 넓이의 독서를 하면 되는 것이다. 하나의 책을 심도 있게 꼼꼼히 읽는 방법이 깊이의 독서라면 다양한 영역의 책을 거리낌 없이 집히는 대로 읽는 것이 넓이의 독서인 것이다. 이 영역은 아이들에게서 흔히 볼 수 있다. 집중력이 높지 않은 아이와 함께 책을 재미있게 많이 읽는 방법은 짧지만 스토리가 제대로 담겨있는 그림책을 통한 독서이다.

유아, 어린이 도서관에서 놀이감처럼 책을 한아름 들고 아이는 읽어달라고 다가온다. 영역을 가리지 않고 주제의 경계를 다채롭게 넘나든다. 흠뻑 빠져들어 그림책이 여기저기 알록달록 내 곁에 어지러이 있다. 그래도 즐겁다. 다양한 주제를 많이 접할수록 사고의 다양성은 커진다. 이 책의 포인트와 저 책의 포인트를 시키지 않아도 아이는 기가 막히게 조합을 해 내는 과정도 볼 수 있는 게 다독이다.

그림책을 더욱 다독하게 만들 수 있는 것은 활동이다. 북아트를 접목하여 새로운 나만의 예술 책을 만들어 보는 것, 리사이클 팝업북으로 버려질 뻔한 책에게 새 생명을 불어 넣는 것 또한 책을 다양하게 만나며 읽을 기회를 제공한다. 이 두 영역을 배우면서 활동하니 책을 활용하는 방법에 따라 시야각이 넓어지고 다양한 경험치가 쌓이는 것을 알게 되었다. 앞으로 푸드테라피 분야로도 생각을 확장하여 다독의 책 세상으로 나와 함께 하는 이들과 같이 가고자 한다. 융합교육을 지향하는 나에게 다독은 많은 상상력을 주는 좋은 자극제이다.

우리나라는 유달리 다독을 주장한다. 책을 단순히 많이 읽기만 하는 것에 집중한다는 말이다. 하지만 그것이 진정한 다독인가? 미국의 정치인 벤저민 프랭클린은 "Read much, but not many books(많이 읽어라. 그러나 많은 책을 읽지는 마라.)"라는 말을 하였다. 활자를 읽는다고 그것이 모두 내 것이 되지는 않기 때문이다. 사색을 하고 자신만의 언어로 정제하여 머리와 마음에 넣은 다음 실행하는 것이 진정한 독서이므로 많은 시간 책을 읽는 것은 좋지만 많은 책을 단순 수치화하기 위해 읽는 것은 바람직하지 않다.

이 오류를 벗어나기 위해 독서 동아리를 택하였다. '함께 가는 발걸음'이라는 의미를 담은 이 모임은 매주 각자 책을 읽고 만난다. 책에서 느낀 것과 작가의 의도 그리고 그 배경에 대해 서로 토론하고 의견을 교차하여 결합을 해보기도 한다. 자신의 경험담을 공유하고 모르는 부분에 대해서는 행간의 의미를 곱씹는 시간도 가진다.

하브루타 방식으로 서로 질의하고 답변하는 형태의 이 활동은 참여하지 않으면 손해라는 생각이 들 정도로 유익하다. 각자가 가진 독서의 깊이와 경험은 전부 다르기에 소통하면 할수록 시너지가 증폭된다. 이 방식으로 책을 만나면서 양이 쌓이니 질도 달라진다. 책을 혼자 읽는 시간과 다수가 함께 읽는 시간의 차이는 책에 대한 소화력이다. 소화가 빠르니 더 많이 읽을 수 있고 속된 말로 책을 씹어 먹는 경지에 같이 이를 수 있다. 일부 시간에는 비판적인 시각의 안경을 쓰고 뜯어보기도 하니 진짜 꼭꼭 씹어 책을 체하지 않게 먹을 수 있다.

"고기도 먹어본 사람이 잘 먹는다."라는 말이 있다. 이 뜻은 어떤 일이든지 이미 경험해 본 사람이 잘할 수 있다는 말이다. 다양한 책을 접하고 읽어온 사람일수록 체계화된 독서의 세계로 가는 길을 빨리 찾는다. 하나의 주제를 가지고 여러 권을 읽는 법, 다양한 영역의 책을 가지고 하나의 주제로 집결하게 하는 법, 즉 이 두 가지는 상반된 방법이지만 그동안 책을 많이 읽어온 저력이 있다면 모두 가능한 것이다. 즉 다독이라는 밑거름이 있다면 그것은 확장 독서로 이어진다.

일명 여기에서 다독은 운동에서 흔히 말하는 기초체력에 해당한다. 잘 갖춰진 독서 기초체력은 앞선 챕터에서 말했던 탐독, 정독, 재독, 발췌독, 낭독까지 모든 것의 기본이 되기 때문이다. 좋은 선수가 뛰어난 기록을 내기 위해서는 기본적으로 갖춰야 하는 체력의 중요함은 모든 이들이 공감하는 것이다. 재능만 믿고 연습을 게을리하면 목표에 도달하기가 쉽지 않고 얕은 단계에 머무를 수 있다. 보여주기식 다독이 아니라 넓고 깊은 다독이 되도록 자신을 들여다보고 내용이 주는 의미를 곱씹어 보자.

그렇다면 우리는 다독을 어떻게 계속 유지할 수 있을까? 핵심은 자발적 선택이다. 누군가의 강요가 아닌 스스로 선택하여 많은 양의 책을 읽고 생각하면서 독서에 흥미와 관심을 기울이는 것이다. 초반에 이야기한 아이의 그림책 놀이를 보면 얼마나 즐기는 다독을 하고 있으며 유익한 경험을 쌓아가는지를 알 수 있다.

어른이 된 나는 요즘 다시 그림책의 묘미에 빠져 있다. 하루에도 앉은 자리에서 30권이 넘는 책을 본다. 아이들에게 낭독해 주기 위해 보기 시작한 책은 나를 다독의 세계로 이끌어간다. 그리고 많은 깨달음을 주는 자극제가 된다. 자발적으로 끌려 들어가는 블랙홀 같은 다독이 나는 참 좋다.

글쓰기는 다양한 수학공식이다

숫자가 참 좋다. 뭔가 간결하고 딱 떨어진다. 어떤 결과치에 대해 장황하게 글로 쓰는 것보다는 수치화하여 그래프나 표로 표현된 것을 즐긴다. 그러던 내가 어느 날 글쓰기 과정을 만났다. 이유는 자녀와 함께 일상을 같이 기록하는 것이다.

접근법이 궁금했다. 나도 글을 못 쓰고 두려워하면서 아이에게는 막연히 "일기 써라. 독후감 쓰라니깐~ 숙제잖아!"라고 말하는 나 자신이 어이가 없다고 느꼈기 때문이다. 그때는 독서로 길을 찾는 것보다 강연이 빠르게 길을 제시해 줄 것 같았다.

막연하게 거부감을 가지고 있던 글쓰기가 '학부모 글쓰기 과정'을 만나고 180도로 바뀌었다. 하얀 백지와 주제가 던져지면 거침없이 써 내려가야 하는 백일장 같은 수업이 아니었다. 책을 읽어야만 하는 이유와 함께 그것을 말뿐만 아니라 글로 표현해야 날개가 펼쳐진다는 김을호 교수님의 말씀은 진리였다. 어떤 것을 경험하고 그것을 나만의 방식으로 해석하여 글이나 말로 나타내야 결국은 나의 자산이 된다. 그림, 음악 등등도 같은 영역이다.

패턴 글쓰기는 신세계였다. 글의 구조가 간략히 구분된 빈 서평지를 패턴에 따라 써 내려가기 시작했다. 일부러 귀에 쏙쏙 들어오게 된소리로 의식을 깨우는 교수님의 음성에 맞춰 매 차시를 완성해 나갔다. 그렇게 만난 글쓰기로 100편의 아이들 책을 매일 읽어가면서 1일 1서평을 독서교육신문에 게재하기 시작했다.

100일 연속은 결코 쉽지 않았다. 학업과 병행하던 시기라서 장거리 일정 속 글쓰기는 나에게 버거웠다. 버스 안, 기차 타러 가는 길 등등 짬짬이 패턴으로 채워가면서 매일매일 완성해 나갔다. 그날 밤 12시 데드라인을 넘기지 않기 위해 바둥바둥 쓴 날도 있다. 왜 그렇게까지 했는지 생각해 보았다. 그것은 나 자신에게 나를 증명해 보이고 싶었던 것이라 여겨진다.

"나도 할 수 있다!", "시작했으면 무엇이라도 베어야지!"라는 말들이 마음속에 맴돌았다. 초보가 쓴 100일이라는 기간의 글은 양질의 글이 아니다. 다만 꾸준함으로 결실을 맺었다는 것이 핵심이다. 그리고 그런 기록이 모이고 쌓여서 나에 대한 확신으로 돌아왔다.

'하면 되는구나. 이과형 인간인 나도 문과형 인간으로 조금은 넘어 간 것인가.'라는 생각에 웃음이 픽 나왔다.

기본 틀인 수학 공식을 배웠으면 이젠 응용이다. 트레이닝 된 폼은 유지하되 각 부분에 나의 생각을 분명하게 전달할 글을 쓴다. 말하고 싶은 주제와 논거를 제시하면서 최대한 공감할 수 있는 글을 써 내려가는 것이 글쓰기의 핵심이라는 결론에 도달했다. 단지 공식만 달달 외우는 것이 아니다. 공식이 유도되는 과정도 알아야 진짜를 파악한 것이고 그것을 풀어내는 수학 같은 글쓰기가 나만의 영역으로 활용된다.

이후는 일사천리였다. 글로 표현하는 것에 날개가 달리기 시작하니 많은 변화가 나에게 왔다. 서평 100편을 꾸준히 쓴 나는 공동 서평집을 출간하고, 내가 사는 지역에서 발간하는 도시재생 정기 매거진 작업에 참여하여 협업을 통해 성과물을 만들었다. 그 이후 직접 발로 뛴 지역 아카이빙을 기준으로 기록가 과정을 수료하고 강원문화재단의 지원 사업을 함께 하였다. 그 결과 마을 기록 활동가로서 결과 보고인 포토북과 포토보드까지 전시하는 다채로운 경험을 하였다.

성과물은 나에게 성취동기를 안겨주었고 그것을 계기로 이후 문학으로 넘어와 태풍이 몰아치는 여름 폭우를 뚫고 회원들과 같이 글을 쓰고 합평하면서 또 다른 글쓰기 세계를 경험해 자그마한 문학 문집도 발간했다. 이 부분은 현재도 합평하면서 배워 나가고 있다.

낭독으로 인연이 맺어진 김미희 작가님과의 시 쓰기 수업과 작업도 내 글쓰기 영역을 확장하는 좋은 경험이 되고 있다. 그동안 누군가에게 설명하는 글을 주로 쓰던 나는 요즘 절제미와 함축미를 배워가고 있다. 시는 많은 것을 전달하지 않아도 어휘 하나가 주는 이미지로 모든 것을 나타내는 참 흥미로운 글쓰기이다.

사실만 전달해야 하는 기록가, 자신의 의견을 녹여 책이 전달하고자 하는 것을 말하는 독서교육신문 서평가, 내가 사는 지역에 대한 삶의 경험과 추억을 말하는 매거진 작업, 독서 동아리를 통한 다양한 책에 대한 토론과 결과 기록, 청소년도서를 통한 독후활동기록을 전자책화, 여행을 다니면서 남긴 블로그 글들!

릴레이처럼 글쓰기 영역에서 발전하고 있는 나는 계속 에너지가 샘솟는다. 디지털 환경을 기반으로 하는 인공지능의 시대가 도래함에 따라 디지털 튜터의 역할은 높아지고 이 분야로도 활동하는 나는 이제 디지털 글쓰기로 영역을 확장하고자 한다. 기본이 되는 블로그와 직관적인 사진을 바탕으로 간략한 글로 표현이 되는 인스타, 영상으로 기반이 되는 유튜브, 생성형 AI

를 활용한 글쓰기까지. '이제 어느 디지털 영역을 재미있는 수학 방식으로 도전해 볼까?' 하고 현재도 호기심의 눈망울을 반짝이고 있다. 즉 수학공식 같은 글쓰기는 내 인생의 확장이다.

독서의 방법은 목적에 따라 그 방법이 달라진다.
특히 다독의 경우 '목적'이 반드시 있어야 한다.
'목적'을 다른 말로 표현하면 '독서의 목표와 방향성'이다.
정해진 방향 없이 책을 많이 읽는다는 것만으로
무조건 결과에 도달할 수 없기 때문이다.

 이현정

현) 육군 소령. 2007년에 여군사관으로 임관하여 독서와 부대운영의 연관성을 연구 중인 열정으로 뭉친 워킹맘.
2016년 제25회 전국고전읽기 백일장대회 문화체육부장관상 수상.

탐독은 맥주다, 그것도 생맥주

"쏴…… 콸콸콸."

냉동실에서 막 꺼낸 500mml 유리잔에 얼음을 가득 채운다. 그리고 시원한 맥주를 콸콸콸 가득 채워 한 손 가득 잡고는 거품이 사라지기 전 급하게 들이켠다.

처음 마시는 한 입은 맛으로 먹는 게 아니다. 차디찬 탄산이 목을 타고 넘어가는 그 시원하고 짜릿한 기분을 느낄 수 있는 한 모금. 그 후 이어지는 두 번째 모금은 맛을 느낄 수 있지만 첫 모금과 달리 맛이 예정된 조금은 지루한 맛이다.

그렇게 소중한 맥주의 첫 모금. 그 신선하고 짜릿한 열정이 '내 삶 속 탐독'의 순간과 닮았다.

직장 생활을 하던 중 결혼과 함께 아이가 찾아왔고, 일하면서 갓난아이를 키울 수 없어, 어떻게 보면 내 삶에서 가장 열정이 담기고 바빠야 할 32살, 나는 3년의 휴직을 선택했다. 그 3년의 기간 동안 어느새 내 이름은 사라지고, 주변의 모든 사람이 나를 '아기 엄마'라고 불렀다. 그리고 하루가 반복되는 지루한 삶. 아이들 깨우기, 밥 먹이기, 씻기기. 그런 반복되는 삶이 나의 존재를 잊게 했다. 내 삶의 중심이 나였던 그전의 내가 아닌 '아기 엄마'가 되어있었다.

이런 무미건조한 삶 속에서도 나는 끊임없이 나를 다시 찾고 싶었다. 작은 것 하나에도 나를 위해 투자하려 노력했다. 설거지하기 전 팔굽혀펴기, 청소기 돌리며 허벅지 운동하기, 그리고 아이들에게 책 읽어준 뒤 독서 감상문 적기. 그중에 아이들과 함께 그림책을 보던 시간은 현재의 반복된 지루함을 잊고 또 다른 세상으로 갈 수 있는 여행과 같은 시간이었다. 그 시간은 마치, 대학교 시절 처음 '기리노 나츠오'의 소설을 접했던 짧지만 강렬했던 시간과도 같았다.

그렇게 책은 육아휴직 기간에도 나를 버리지 않고 그림책이라는 새로운 장르로 찾아와 나의 존재를 느끼게 해주었다. 어린이 그림책이었지만, 그 책은 나를 공감하게 했고, 위로를 주었으며, 깊은 교훈과 감명을 주었다. 그런 감정들 속에서 행복하게 웃음 짓는 출산 전의 나를 찾을 수 있었다.

그렇게 나의 삶 속에서 책은 끊임없이 나를 깨닫게 해주기 위해 시간과 시기, 장소, 그날의 감정에 따라 다른 모습과 방법으로 다가왔다. 정말 힘이 들고 삶이 부칠 때 "힘내."라는 말이 그 사람을 더욱 괴롭힌다고 했던가? 언젠가 힘이 들지만 잘 이겨내고 싶었던 시기에 직장 선배가 나에게 선물해준 책이 있었다. 위로와 격려가 담긴 그 책을 받고 나서 단 한 줄도 읽히지 않을 만큼 나를 더 괴롭게 했다.

나침반은 목표를 가리키기 직전에 가장 많이 흔들린다고 한다. 미래를 알 수 없는 불확실한 삶은 나를 더욱 불안하게 만들었고, 그 불안함이 무언가 도전을 시도하기 전부터 자존감과 자신감을 바닥으로 떨어뜨렸다. '내가 정말 잘하고 있고, 나의 방향이 올바로 되었다.'라고 믿고 싶은데, 그 책은 그런 나의 불안한 감정을 몰라주고, 내가 꿈꾸는 확신에 찬 미래보다는 '현재의 힘듦'을 응원해 주고 있는 것 같았다. 책을 읽으면 그 힘듦이 계속될 것처럼 느껴져 읽고 싶지 않았다.

하지만 시간이 흐른 뒤 우연히 그 책을 보았는데, 주옥과도 같은 글귀에 심장이 두근거렸다. '아! 그렇구나.'라며 무릎을 치게 만드는 내용이 꽤 있었다. 왜 그 시절의 나는 이런 문구가 눈에 들어오지 않았을까? 아마 그 시절 이 책을 읽었더라도 지금과 같은 감정으로 받아들이지 못했을 것이다. 그만큼 나를 받아들이는 감정이 바뀌었고, 당시의 나는 다른 상황을 살고 있었기 때문이다.

책은 삶의 그때그때의 맛에 따라 다른 느낌을 주는 존재이다. 그런 맛깔난 존재를 만나 엉덩이를 떼지 못하고 깊게 빠져드는 '탐독'을 맛보는 순간이 그 무엇과도 바꿀 수 없는 의미 있는 시간으로 바뀐다.

육아휴직이라는 3년의 세월에도 그림책이라는 다른 장르의 책 탐독을 통해 기존에 얻지 못했던 교훈을 찾고, 또 다른 재미를 통해 육아의 스트레스를 삶의 재미로 전환했던 것과 같다. 그렇게 독서는 탐독의 모습으로 삶의 곳곳에서 다정하고 요긴한 친구가 되어 늘 옆에 있어 주었다. 어쩌면 내가 만들어낸 가장 필요한 친구가 아닐까?

이렇듯 삶의 굴곡마다 탐독을 통해 느꼈던 위로의 순간, 책의 첫 장을 넘기는 그 순간의 짜릿함이 맥주와 닮았다. 그것도 신선한 거품이 가득한 시원한 생맥주.

"육아 때문에 퇴근해서도 생맥주 한잔을 못 해 봤다며?"

"자, 오늘은 생맥주 한잔해봐. 10년 만이면 오늘이 정말 의미 있는 날이네."

10년 만에 받아 든 차가운 얼음 잔 속 거품이 적절히 섞인 생맥주. 그 맥주의 첫 모금을 어떻게 잊을까? 다시 첫 숨을 쉬는 기분. 그리고 이름을 다시 찾은 기분.

그렇게 책은 내 삶에 또 다른 숨을 불어넣었고, 지금까지도 나를 열심히 달리게 했다.

심장이 뛴다.

"쿵쾅, 쿵쾅."

앞으로 여러분께 내 삶 속의 독서에 관한 이야기를 해보려 한다. 벌써 다 알게 된 것 같다고 생각하겠지만 그렇지 않다. 기대해도 좋다.

발췌독은 골라 먹는 아이스크림? 그게 전부가 아니다

"오! 빨간 맛~ (이하 생략)"

언젠가 이 노래가 유행을 해서 여기저기서 들려왔던 시기가 있었다. 하지만 80년대생에게 빨간색은 그렇게 좋은 의미가 있는 색이 아니다. 어린 시절 반공 만화(똘이 장군이 주인공이고, 돼지머리를 한 악역이 나오는 만화. 만화에서는 꼭 악역이 박사를 납치하는 설정이 나온다.)를 보고 자란 나에게 빨간색은 '적'이나 '나쁜 사람'을 뜻하는 색이었다. 그런 생각에 그 노래는 제목부터 친근하지 않았다. 거기다 한 가지 맛만 꾸준히 좋아하고 생각한다는 그 가사는 더욱 의구심을 느끼게 했다. 사랑 때문에 그 사람만 생각나고, 모든 삶의 시곗바늘이 그 사람을 중심으로 돌아가기 때문에 한 가지 맛(색)만 보이는 것과 같다는 것이다. 하지만 삶은 한 가지에만 몰두하는 그런 방법만으로는 길을 찾을 수는 없다. 독서도 마찬가지이다.

한 가지 맛만 좋아하고 끝까지 파고드는 것이 과연 독서에서도 길이 될까?

내가 다니는 직장은 매일 '제복'을 입는다. 제복을 입는다는 것이 삶을 굉장히 단순하고 효율적으로 만든다. 우선 출근 준비에 아주 짧은 시간이 걸린다. 아침에 출근할 때 무엇을 입을지 고민할 필요가 없고, 일어난 후 출근 준비가 완료되는 데까지 채 20분이 걸리지 않는다. 직업의 특성상 화장도 거의 하지 않다 보니 양치하고, 세수하고, 옷을 입고, 간단한 화장만 하면 20분이라는 시간도 충분하다. 마치 중고등학교 시절 부족한 아침잠을 깨우며 눈을 감은 채로 습관처럼 교복을 입던 것처럼, 한 가지 옷(제복)을 입는다는 것은 그만큼 삶의 루틴을 더 단순하게 만들어 주었다.

이렇게 성인이 되어서도 매일 같은 제복을 입으면서 규칙적인 일상의 순서와 방법이 굳혀지며 삶을 단순하고 효율적으로 만들었다. 이러한 반복적인 루틴의 편리함을 첫째 아이를 육아하면서도 발견할 수 있었다. 첫째 아이가 5살이 되던 무렵 한 가지 옷만 입으려고 고집을 부려 그 옷이 다 해질 때까지 입혔던 적이 있다. 어린이 만화 속 고양이 캐릭터가 그려진 남색 반소매 티였고, 얼마나 좋아했는지 겨울에는 긴 옷 위에 그 티를 겹쳐서 입을 정도였다. 그만큼 한 가지를 꾸준히 해도 불편하지 않고, 옷을 고르는 데 오랜 시간을 투자하고 싶지 않다면 나와 같이 제복을 입는 직장도 나쁘지 않다.

그런 반복되는 상황이 편리한 나에게 독서의 방법 '상황에 맞는 목적을 정하여 책에서 필요한 내용만 찾아 읽는 발췌독'이 가지는 독서의 의미는 무엇일까? 발췌독은 나의 급한 성격과도 맞고, 짧은 시간에 다양한 것들을 동시에 소화해야 하는 내 직업의 특성에 적합하다. 마치 발췌독은 여러 가지 맛의 아이스크림을 판매하는 가게에서 원하는 맛을 고르기 전 맛보기 숟가락으로 맛본 후 원하는 맛을 골라 먹는 것과 유사하다. 그만큼 오랜 시간을 투자하지 않아도 되고, 결과에 도달하기 위한 효율적인 독서방법이다.

업무적인 특성상 많은 책과 규정들을 발췌독의 방법으로 접하면서 한 가지 고민도 생겼다. 과연 책을 쓴 저자에게도 발췌독은 달가울까? 그리고 나는 어쩌면 임시방편으로 생각할 수 있는 이러한 방법으로 업무적인 측면에서의 전문가가 될 수 있을까?

작가는 독자들의 발췌독까지 고려해서 책을 쓴 것일까? 아니라고 생각한다. 작가는 책 일부분보다는 책의 모든 내용을 통해 전달하려고 하는 목적이 있을 것이다.

물론 내가 '탐독' 파트에서 언급했던 바와 같이 책은 읽는 사람의 당시 심리상태와 기분, 주변의 환경에 따라 그때그때 다르게 의미를 전달할 수 있어 저자의 목적을 모두 달성할 수 없지만 책을 쓴 사람이 아닌 '읽는 사람의 목적'에 따라 책 일부분을 선택하여 읽는 발췌독이 '저자의 왜(Why)'라는 큰 그림을 충족하지 않을 가능성이 크기 때문이다.

내가 신임이었을 때 상급자에게 들었던 에피소드이다. 상급자가 운동장 곳곳에 보이는 풀을 보며 말했다.
"토끼를 풀어서 키우면 잘 자라겠다."
그 다음 날 부하가 운동장에 토끼장을 설치했고 토끼를 키우기 시작했다.

여러분은 이 이야기를 통해 느끼는 바가 있을 것이다. 과연 상급자는 토끼를 키우라는 목적으로 말한 것일까? 그렇지 않으면 운동장의 풀을 정리하라는 뜻이었을까? 여러분은 금방 답을 찾았을 것이다.

발췌독의 경우, 드물지만 작가가 말하고자 하는 바를 정확하게 집어내어 효율적으로 원하는 정보를 얻을 수 있다. 그렇지만 그 가능성은 탐독을 통한 정독보다 낮다. 상급자 말의 겉면만 보고 운동장에 토끼장을 설치한 부하의 행동처럼 말이다. 상급자(저자)가 원하는 답(글 쓴 목적)을 찾지 못하면, 문제의 해결(독서의 목적)에는 결코 도달할 수 없다.

시간이 부족하고, 상급자나 전문가가 딱 집어 '책의 특정 부분'에서 정보를 찾는 것을 지시했다면 발췌독은 굉장히 효율적인 독서법이다. 하지만 발췌독이 저자의 의도를 온전하게 파악하기 어려울 수 있다는 데서 추천하는 독서법은 아니다.

발췌를 목적으로 독서를 한다면, 차라리 정보검색의 수단인 초록 검색창이나 *글 검색창을 활용하는 것이 더 효율적이지 않을까?

한 가지 색깔만 좋아하며, 늘 같은 옷만 입는 사람들은 본인들이 정도의 길을 걸어간다고 생각한다. 무조건 처음부터 끝까지 순서대로 갈 필요는 없다. 저자의 의도를 생각해 볼 기회가 줄어들지만 발췌독은 분명히 효율성을 추구하고, 빠른 결과를 원하는 MZ 세대들에게 권장할 수 있는 독서 수단이다.

하지만 나는 우려한다. 발췌독을 통해 그 각각의 조각들이 전부라고 자만하고 독서를 중단하는 것을 말이다. 발췌독이 언젠가 정독으로 이어질 때, 발췌독의 진정한 의미가 있는 것이 아닐까?

아몬드만 맛보고는 그 아이스크림이 아몬드 맛 아이스크림이라고 단정하지 말자. 아몬드에 덧입힌 초콜릿과 캐러멜, 마시멜로가 있는 다른 이름의 아이스크림일 수도 있는 것이니까. 골라 먹는 각각의 맛을 만족하는 것에 그치지 않는다면, 언젠가 그 가게의 모든 맛을 보고 가게를 평가할 수 있는 순간이 올 것이다.

정독을 편지로 배우다

"*현정이에게, 나는……. (이하 생략)*"

중학교 1학년 때였다. 나는 남들보다 늦은 사춘기로 2차 성징이 오지 않았었다. 작은 키와 왜소한 몸매, 이성에 관한 관심에 아무런 감정이 소비되지 않던 그런 시절이었다.

그렇게 감정에 무딘 내게, 쉬는 시간이면 작은 편지를 전해 주던 친구가 있었다.

당시 우리 반은 1등 옆에는 꼴찌를 앉히던 책상배치 방식이었는데, 그 친구는 내 옆자리에 앉기 위해 백지 답안을 제출하기도 했고, 수업 시간에 나를 몰래 바라보다가 선생님께 크게 혼나기도 했다. 생각해 보면 무미건조한 중학교 시절, 그 친구 덕분에 작은 추억하나 만들어 낼 수 있었다. 무척 고마운 일이다. 그러한 경험 덕분에 감성적으로 발달하고 책을 읽고 글을 쓰는 것이 좋은 그런 어른으로 자라났으니 말이다.

그 친구가 건넨 편지는 멋진 그림이 있거나 알록달록한 편지가 아니었고, 글씨도 삐뚤빼뚤했지만 그 마음만큼은 충분히 느낄 수 있는 진솔한 글들로 가득 채워져 있었다. 그 편지를 일 년 가까이 계속 받다 보니 나도 모르게 그 친구에게 관심이 생기게 되었는데 '이성 친구는 절대 허락할 수 없다.'는 엄마의 오랜 정신교육 덕분에 결국 마음을 숨긴 채 중학교를 졸업하게 되었다.

그렇게 모범생이었던 나에게 유일한 일탈의 시간은 그 친구가 보낸 편지를 새벽에 몰래 읽고, 또 읽는 것이었다. 그렇게 편지를 읽으며 정독을 처음 접하게 되었다.

편지를 한 글자 한 글자 천천히 읽으며 머릿속으로 그 아이의 얼굴과 행동을 떠올리고, 드라마처럼 연결되었다. 그러다가 주의가 흐트러지면, 다시 앞 문장으로 돌아와 다시 읽고, 그렇게 박음질하듯 문장 하나하나가 연결될 때까지 읽고 또 읽었던 기억이 있다. 그 시절이 벌써 30년이 지났다. 그럼에도 그 친구의 글씨체와 내용 일부가 기억나는 걸 보면, 꽤 그 친구를 좋아했었나 보다. 불현듯 '편지 정독만 하지 말고, 연애도 해 볼걸.'이라는 후회가 든다.

그렇게 편지를 읽는 것과 같이 책을 읽고 또 읽고, 읽으며 곱씹고, 머릿속에 스토리를 집어넣어 완전히 내 것으로 만드는 독서법이 '정독'이다. 단순한 정보를 얻기 위한 용도라면 발췌독이나 다독을 권장한다. 정독은 단어와 문장, 문단 그대로가 가진 뜻을 넘어 저자가 책을 통해 표현하려 했던 생각과 가장 가깝게 다가가기 위해 독서하는 것을 뜻하기 때문이다.

하지만 정독을 하더라도 모든 사람에게 같은 결과를 주지 않는다. 그리고 시간이 오래 소요되어 간혹 불필요한 노력의 낭비를 남기곤 한다.

편지를 예로 들어, 그 친구의 마음은 단순히 10%의 호기심 표현인데, 그 편지를 읽고 해석하며 70%의 마음까지 생각한다고 가정해 보자. 그런 노력의 낭비가 어디 있겠는가?

아무리 해석하여 읽고 또 읽어도 결코 저자의 의도와 똑같이 해석하기는 쉽지 않다. 책을 통해 저자의 의도를 파악하고 저자와 동일한 상황에 놓이고 싶지만 그렇게 되기는 쉽지 않다는 뜻이다.

예를 들어 고전이나 작가 무명의 옛이야기도 저자나 이야기꾼들이 최초부터 장황한 특정 목적이 있을 수 있지만, 재미를 주고 돈을 벌기 위해 만든 우스개 이야기였을 수도 있는 것이다. 불필요하게 많은 의미를 부여할 필요가 없다는 뜻이다.

정독을 통해 저자의 목적을 모두 이해할 수 있다면, 국어 시험에서 모두가 동일한 만점 점수를 받아야 하지 않을까? 그렇지 않다는 것은 정독을 통해서도 그 목적을 달성하는 것이 그만큼 쉽지 않다는 뜻이다. 같은 글을 읽고 누군가는 사랑을 느꼈고, 누군가는 아쉬움을 느낄 수 있는 것처럼 독서법 중 정독을 권하지만, 정독의 효과가 100%라고 장담할 수 없다.

나는 수학 능력 시험 세대이다. 고전이나 시 한 편을 배우고 읽을 때도 문구, 문장에 담긴 뜻을 해석하고, 역사에 녹여내는 데 두 시간 이상의 시간을 투자하였던 세대이다. 그런 노력은 독서를 지루하게 하고, 쉽게 지치게 했다. 그래서 수능세대일수록 책을 더 멀리하는 것인지도 모를 일이다.

최근에 선정된 베스트셀러도 그러한 경향을 반영하였다. 그 책들은 정독에 어울리기보다는 쉽고 재미있게 읽고, 가볍게 다가갈 수 있는 책이 다수다. 그러한 경향들은 개인주의 성향이 강하고 숏폼(시간이 짧고 강한 메시지가 있는 영상)을 즐겨 보는 MZ 세대의 요구와도 맞아떨어진다.

그래서 나는 정독을 권하지만 그 목적을 100% 달성하리라는 생각보다는 정독 자체가 가지는 읽고 또 읽고 해석하는 재미를 느끼기 위해 정독을 추천한다.

그때 그 시절 나에게 정독의 의미를 깨닫게 해준 그 친구는 무엇을 하며, 또 어떤 어른이 되었을까? 당시 친구가 쓴 편지의 목적과 편지 정독의 결과가 얼마나 일치했는지 확인할 방법이 없지만, 그 시절의 추억은 나에게 뜻을 새기며 읽는 독서의 방법을 배우게 하였다. 그리고 그 시절 알 수 없는 두근거리는 감정을 시작으로 지금의 내 글에 감성을 뿜어 넣어주는 거름이 된 것은 자명하다.

재독은 내 인생이 되었다

"똑딱똑딱똑딱."

딸 넷에 아들 하나. 20살 어린 나이에 아들 귀한 집안에 시집 온 우리 엄마는 결혼 9년 만에 귀한 아들, 내 남동생을 낳았다. 어찌나 귀하게 여겼던지, 사내아이를 임신했다고 느끼고는 할아버지에게 소고기가 먹고 싶다고 말했다고 한다. 그래서 동생은 태어날 때부터 4.7kg의 우량아로 태어났고, 사실인지 확인할 방법이 없지만 동생이 백일이 되던 날 신생아가 고기를 먹고 탈이 나지 않을 만큼 건강했다고 한다.

그에 반해 엄마가 나를 임신했을 때는 뱃속에서 노는 모양이 언니들과 같아, 넷째 딸을 임신한 것이 너무 죄스러웠다고 한다. 그래서 먹고 싶은 것을 생각할 겨를도 없이 맘고생을 심하게 하였다. 나는 2.7kg으로 까맣고 조그맣게 태어났다. 작게 태어나서 갑자기 키가 15cm나 큰 중2 겨울방학 전까지도 나는 학교에서 가장 작고 삐쩍 마른 아이였다.

그렇게 작게 태어났지만 밑에 남동생이 태어나 터를 잘 잡았다는 칭찬(?)도 받았고, 어렵던 집안 형편이 좋아져 다섯 남매 중에서도 특히나 자기주장이 강하고 애교가 많아 귀여움을 독차지하는 그런 제멋대로인 막내딸로 어린 시절을 보낼 수 있었다.

"이놈에 가시나(여자아이의 경상도 방언)가 어디 할배한테 말대꾸하노?"

아파서 누워계신 할아버지 방에 엄마가 간식을 넣어드리라고 심부름을 시키셨는데, 할아버지의 기저귀 냄새가 싫었던 철이 없는 나는 한 손으로 코를 막고 방에 들어갔다.

내가 잘못한 것이 분명히 맞지만, 할아버지의 '가시나'라는 단어에 감정을 참지 못해 말대꾸하던 못된 아이였다. 나는 그렇게 자기주장이 강하고 특히 남녀 차별이나 불평등은 참지 못해, 언니들이나 어른들에게도 할 말은 꼬박꼬박하는 얄밉지만 어떻게 할 수 없는 아이였다.

그런 내가 반찬 때문에 엄마에게 대들었던 날이 기억난다. 이른 아침부터 돼지갈비 냄새가 온 집안에 가득했다. '오늘 반찬은 고기인가보다.' 하고 내심 기대를 했었는데 점심시간에 뚜껑을 열어보니, 내 반찬통에는 볶음 김치와 연근조림이 들어있었다.

얼마나 화가 났던지 집에 가자마자 엄마를 쫓아다니며 반찬 투정을 했다. 그리고 도시락 반찬으로 불고기를 넣어주시겠다는 약속을 받아내고 투정을 멈추었다.

'오늘 내 도시락 반찬이 불고기라니. 매일 청바지 소시지 5개만 싸 와서 나누어 주지 않던 영숙이에게 실컷 자랑해야지.'

그날 오전 수업 시간이 어떻게 흘렀는지 모를 정도로 도시락에서 나는 간장과 마늘 향이 머리를 어지럽게 했다. 막상 점심시간이 되어 도시락 뚜껑을 열었을 때 추운 겨울 날씨 때문에 소기름이 하얗게 낀 불고기 반찬을 보며 큰 실망을 하였지만 말이다.

그렇게 내 어린 시절은 '남자는 반장이고 여자는 부반장'이 당연한 시절이었고, 세뱃돈을 받아도 나는 천 원, 남동생은 오천 원이나 만 원을 받는 것이 불평등이 아니었던 시절이었다. '어떻게 하면 여성으로서 차별받지 않고, 사회적 지위를 높일 수 있을까?'라는 고민으로 유년 시절을 보내게 되었고 그때의 많은 고민과 다짐 덕분에 나의 직업을 선택하는 데 큰 영향을 주었다.

그런 나의 성장 과정 중 공부도 잘하고 힘도 쎈, 여고에서 전교 회장을 했던 큰언니의 영향도 받았다. 언니가 대학교에 진학 후 늘 책상 위에 두었던 책, 미) 예비역 중령 서진규의 '나는 희망의 증거가 되고 싶다.'라는 책, 언니의 민트색 책상 위 주황색 책 표지. 아직도 색감까지 선명하게 기억한다. 늘 언니를 따라 하고 싶었던 나는 그 책의 내용이 너무나 궁금했었다.

IMF 시절 대학을 졸업한 후 힘들게 취직한 대기업을 그만두고 돌연 여군 장교를 지원했던 큰 언니. 비록 건강 문제로 군 생활을 오래 하지 않았지만, 군 생활에 대해 늘 긍정적으로 설명해 주고, 내가 '여군이 되고 싶다.'고 말했을 때 적극적으로 지지해 주었다.

그렇게 내 삶에 큰 영향을 준 것이 '큰언니와 그 책'이었다. 책 속 주인공이 출산 직후 10km를 완주하여 기뻐할 때, 나의 머릿속은 온통 달리는 모습으로 가득 찼으며, 그녀가 군 생활에 성공한 이후 또 다른 꿈을 위해 공부하기 시작하는 모습을 보며, 어떻게든 그녀를 따라 해야겠다는 다짐으로 쿵쾅대는 심장을 진정시켜야 했다.

그렇게 원하던 여군 선발시험에 합격하고 기초군사교육 후 자대에 배치되었을 때도, 비좁은 내 짐 가방에 가장 먼저 들어갔던 것이 그 책이었다. 군 생활 17년 차. 지금 그 책은 눈뜨면 가장 먼저 보이는 책장의 높은 곳에 꽂혀있고, 군인으로서의 초심이 흔들릴 때마다 내 손에 쥐어진다.

그렇게 나는 그 책을 읽고 또 읽었고, 그런 과정에서 책의 표지가 하얗게 낡아질 때쯤, 책은 내 인생의 일부가 되었다. 그러한 과정을 통해 군인으로서 내 삶의 나침반이 흔들리는 것을 막

아주었다.

　이렇듯 재독은 '책의 내용이 자신의 가치관과 가깝거나 동일한 경우 자연스럽게 다가갈 수 있는 독서법'이다. 그래서 재독은 강제로, 억지로 할 수 있는 독서의 방법이 아니다. 재독을 통해 누군가의 삶이 만족하고 행복해진다는 것, 그리고 그의 삶 속에 자연스럽게 스며들어 간다는 것이 재독의 특징이기 때문이다.

　하지만 재독은 일부의 책에 집중하는 고착된 습관을 통해, 내 가치관과는 다른 다양한 책을 접할 기회를 줄여 사고의 틀을 좁게 한다는 단점이 있다. 재독은 정독을 위한 수단이어야 하고, 그 과정에서는 탐독이 자연스럽게 이루어지는 독서법의 한 수단이어야 한다. 또한 재독은 시간적 여유가 있고, 어떠한 일에 몰두하고 싶을 때 집중적인 효과를 낼 수 있는 독서법이며, 장기적이고 정기적인 독서가 되기 위해 필요한 많은 수단 중 한 가지인 것이다.

　나는 오늘도 내 마음을 다잡기 위해, 군인으로서의 내 방향을 잃지 않기 위해 그 주황색 낡은 책을 다시 집어 든다.

낭독으로 전하는 내 마음속 이야기

"엄마, 나중에 엄마가 걷기 힘들 만큼 나이가 들면 내가 꼭 엄마를 업고 다닐게."

"드르륵, 드르륵."

출근을 준비하는 이른 아침. 양치를 하고 있으면 나지막이 들리는 소리. 드르륵, 드르륵. 몸이 불편해 잘 걷지 못하는 우리 엄마가 딸내미 아침밥을 챙겨주겠다고 이동식 의자를 끌고 아침 식사를 준비하신다.

육아휴직 후 복직을 하면서, 내 아이들을 돌보아주기 위해 친정엄마는 늘 내 옆에 계셨다. 내가 힘이 들 때마다 조건 없이 누구보다 먼저 내 편이 되어 나를 지지해 주시고, 응원해 주시는 분. 본인 몸도 편치 않으면서 출퇴근하는 내 얼굴을 보며 늘 안쓰러워하고, 내가 힘들게 번 돈이라며 천 원 한 장도 아껴 쓴다.

지금은 몸이 더 약해지셔서 잘 걷지 못하지만, 10년 전 내 입대하기 전만 해도 작은 산을 등산하고 계단도 잘 걸어 다니셨다. 그때 엄마와 산에서 내려오며 했던 약속. 군 생활을 하며 몸을 더 다부지게 만들어서 엄마가 힘들 때 언제든 내가 업어주겠다는 약속을 했다.

'걷다가 지치면 내가 그대를 안고 어디든 갈게.'

최근 인기를 끌었던 노래는 마치 나와 엄마의 이야기를 노래하는 것 같았다. 그래서 더 자주 듣고, 힘든 순간이 와서 주저앉고 싶을 때마다 그 노래를 들으며 마음을 다잡곤 했다. 노래를 듣다 보면 엄마의 가늘어진 다리와 절룩거리는 걸음걸이가 생각이 눈시울이 붉어지곤 했다.

진급 계급장을 달던 날, 내 어깨에 계급장을 달아주기 위해 절뚝거리며 걸어 나오시는 엄마의 약해진 모습에 마음이 아파 왈칵 눈물이 쏟아졌었다. 다른 동기들은 진급의 기쁨을 느끼며 웃고 있을 때, 나는 엄마를 보며 눈시울이 붉어져 소리 없이 울었다. 그만큼 친정엄마는 누구보다 강하시고, 누가 뭐라 해도 내 편인 그런 존재이다.

얼마 전 대학원 독서경영 세미나 수업 중 '낭독'을 연구했다. 낭독의 첫 번째 수업의 주제가 '노래 가사'였는데 노래를 선택한 이유를 말하며 내 이야기를 하고 싶었다.

아무런 망설임 없이 자주 듣는 그 노래를 선택했다. 그리고 낭독 시간에 노래를 잔잔하게 틀고 나의 이야기, 그 노래가 나에게 어떤 의미인지 나누는 시간을 가졌다. '낭독의 시간'을 통해 독서 그 이상의 '공감과 치유'를 경험하게 되었다. 그렇게 나는 낭독의 매력에 빠지게 되었다.

누구에게나 어린 시절, 낭독에 대해 그리 즐거운 기억만 있지는 않았다.

초등학교 시절, 친구들과 선생님 앞에서 교과서를 읽었던 '낭독'의 시간. 절대 틀려서는 안 되는 긴장의 시간이 낭독에 대한 첫 번째 기억이었다. 낭독을 하다가 말을 더듬거리거나 발음이 바르지 않아서 선생님의 미간이 찌그러지고 친구들이 비웃을까 봐, 등에서 땀이 나는 긴장의 시간이었으니 말이다.

그렇게 낭독은 나에게 긴장과 고요함으로 기억되었는데, 성인이 되어 대학원에서 낭독을 연구하며 매력을 느끼게 되었다. 낭독은 듣는 사람만을 위한 것이 아닌, 말하는 사람을 위해서도 존재한다. 말하는 사람이 마음을 열고 난 뒤에 한 낭독은 그렇지 않은 낭독보다 훨씬 더 깊은 집중을 부여할 수 있으며, 그 과정에서 부수적으로 따라오는 공감과 이해는 치유로 다가오기 때문이다.

그리고 책에 한정하지 않고 노래 가사, 시, 그림 등 읽을 수 있는 모든 것이 낭독의 수단이 된다. 그리고 들어주는 사람이 없어도 가능하기에 낭독을 통한 치유는 언제 어디서든 가능하다. 그러한 낭독을 통해 청각장애가 있는 사람에게 리딩북을 지원하는 것과 같이 2차 가치를 창출할 수 있다는 것도 낭독의 매력이다.

직장 생활 중에도 낭독은 늘 가까이 있다. 낭독은 문서를 매끄럽게 하기 위한 검토의 수단이며, 자신감을 주는 브리핑의 수단이기 때문이다. 보고서를 만들고 나서 눈으로만 보는 것보다, 낭독하며 읽어보면 흐름상 어색한 부분이나 부족한 면을 찾는 데 큰 도움이 된다. 또한 그런 낭독의 과정에서 보고서의 내용을 숙지하게 되고, 상급자에게 보고하거나 사람들 앞에서 브리핑할 때 도움이 된다.

이렇듯 나에게 낭독은 목소리가 좋은 특별한 사람이 특별한 장소에서만 할 수 있는 것이 아닌, 삶의 곳곳에서 다양한 목적과 방법으로 다가갈 수 있는 다방향적인 독서법이다.

다독은 내 업무의 커닝페이퍼

"*아, 어떻게* 해야 하지?"

고심이 많은 주차가 다가왔다. 지휘자 임무를 마치고 처음 행정업무를 시작했을 때, 문서 한 장, 그 문서의 첫 단어를 작성하는 것이 어려워 보고서를 만들 수 없었다. 단 한 글자도 작성할 수 없었다는 것이 바른 표현일 것이다. 처음 임무를 맡게 되었을 때 '잘 작성할 수 있을까?', '내가 만든 문서 때문에 구성원들이 불편하면 어떻게 하지?', '계획대로 이루어지지 않으면 어떻게 하지?'라는 앞선 걱정에 보고서 작성을 시작하지 못했고, 잠시도 마음이 편하지 못했다.

보고서에 대한 직접적인 경험이 없었던 것이 가장 큰 이유였고, 행정업무가 처음이다 보니 '내가 생각하는 것이 맞는 것인지.'에 대한 걱정이 앞섰다.

'해보지 않았는데 어떻게 계획을 수립하지?'

그렇게 제목만 작성된 보고서는 더 이상 진행하지 못하고 일주일이 흘렀다. 실패에 대한 두려움이 모든 것을 멈추게 했다. 그런 고민을 하던 중 선배들의 조언을 받게 되었다. 그것은 바로 유사한 내용의 보고서를 참고하라는 것이었다. 그 말을 듣고는 무릎을 탁 치고 '나는 왜 그 생각을 하지 못했지?'라고 반문하게 되었다. 곧바로 다른 보고서를 협조받았다.

그렇게 다른 계획과 내가 근무했던 곳의 기존 계획까지 비교하며, 나름의 방향을 잡을 수 있었고, 결국 그 업무의 기한에 맞춰 완료할 수 있었다.

그 당시 때 여러 가지 보고서를 비교해 보지 않았다면 아마도 업무를 완수하지 못했을 것이다. 그리고 내 직장 생활도 지금과는 다른 방향으로 흘러갔을지 모른다.

그 이후에도 비슷한 과정을 반복해서 거쳤고, 다양한 경험까지 더해서 지금은 어떠한 문서도 어렵지 않게 만들 수 있는 수준이 되었다. 그렇게 여러 종류의 문서를 읽어보고 비교하는 과정을 통해서 계획 수립의 중점, 즉 방향을 판단할 수 있었다. 또한 내가 근무하는 곳의 지역적 특성과 임무, 계절을 고려하고, 경험이 많은 사람들의 의견까지 수렴한다면 더욱 금상첨화이다.

이렇듯 내 직장 생활에서도 여러 문서의 글을 읽는 다독은 업무를 쉽게 할 수 있는 커닝페이퍼(팁)와 같은 존재였다. 특히 머릿속에 그려지지 않는 계획을 수립할 때나, 급작스럽게 보고서를 작성해야 할 때마다 항상 나를 도와주었다.

많은 책을 읽는 것을 다독이라고 한다. 대부분의 학교와 직장은 다독왕을 선발하여 표창이나 부상을 수여하고 있다. 그만큼 독서의 정도에 대해 정량화할 수 있는 방법 중 대표적인 적이 다독이다. 그렇지만 다독을 한다고 해서 모두 같은 결과를 나타낼 수 있을까? 무턱대고 책을 많이 읽는다고 독서를 잘하는 것일까? 아니라고 생각한다. 그래서 독서에 효과를 창출할 수 있는 다독의 조건, '목적'이 필요하기 때문이다.

독서의 방법은 목적에 따라 그 방법이 달라진다. 특히 다독의 경우 '목적'이 반드시 있어야 한다. '목적'을 다른 말로 표현하면 '독서의 목표와 방향성'이다. 정해진 방향 없이 책을 많이 읽는다는 것만으로 무조건 결과에 도달할 수 없기 때문이다.

앞에서 내가 예를 들었던 것처럼 목적이 있었기 때문에 다양한 유사 보고서를 읽고 내 계획에 대한 방향을 잡을 수 있었던 것 같다. 그리고 다독에서 그치지 않고 내가 처한 환경과 조건에 가장 적합한 결과를 얻어내는 것이 다독의 최종 도착지가 되어야 한다.

즉, 1(독서)+1(독서)은 2(다량의 독서)가 아니라, 1+1은 3 또는 4 그 이상이 되어야 한다.

한 가지 주제를 가지고 다양한 사람들이 발표하는 수업도 그런 다독의 과정과 비슷하다. 발표 과정에서 우리는 다른 사람들의 다양한 생각을 발견할 수 있고, 또 발표 후 질문들을 통해 미처 생각하지 못한 점들을 식별하여 보완할 수도 있다.

얼마 전 대학원 수업 중 '내 직장에서의 독서경영 벤치마킹'이라는 발표 수업이 있었다. 그 발표를 위해 나는 충분한 발표 준비를 했다고 생각했다. 하지만 다른 학생들의 발표 과정에서 '아, 나는 왜 그런 생각을 하지 못했을까?' 하고 나의 부족함을 깨닫게 되었다. 그리고 '이러한 것도 생각했어야 하는구나.'라고 느끼게 되었다.

그런 과정이 다독과 같다. '목표를 가지고 가장 실패가 없는 계획을 찾는 과정' 말이다.

요즘 후배들에게 나의 첫 행정업무 경험을 이야기하곤 한다. 개요 한 줄을 시작하기 쉽지 않았고, 문서의 관련 근거 하나 찾는 것이 아주 힘든 일이었던 그때를 말이다.

MZ 세대 표현으로 '라떼'라고 느껴질 수 있지만, 그들에게 나도 비슷한 경험을 해서 그들의 어려움을 이해하고 있고, 그 과정을 극복해 내면 한 단계 더 발전할 수 있다는 확신과 용기를 주고 싶었다.

(고) 정주영 회장이 이런 말을 했다. "해보기나 했어?" 어느 순간 망설여지는 순간이 다가오면 나는 그들에게 이렇게 말하고 싶다. "다독, 해보기나 했어?"라고 말이다. 우선 고(GO)! 하라. 그렇게 한다면 다독은 당신에게 생각하지 못한 삶의 꿀팁, '커닝 페이퍼'를 쉽게 쥐여 줄지도 모르는 일이기 때문이다.

나는 필이 꽂혀야 글을 쓴다

"눈물이 난다. 이 길을 걸으면."

운전하며 늘 노래를 듣는다. 그리고 생각에 잠긴다.

직장 생활을 하면서 직업의 특성상 내 감정을 숨기는 게 습관이 되었다. 그래서 감정을 표현하는 방법을 잊을 때가 많다. 아무리 글을 쓰려고 해도 일기장에 몇 줄을 쓰다 보면 더 이상 쓸 말이 없다. 아니, 더 이상 글을 쓸 수 없을 만큼 감정이 말랐다는 것이 바른 표현이다. 어린 시절에는 생각도 많고 감정도 풍부한 아이였는데 말이다.

나는 그림 그리기를 좋아하는 아이였다. 내가 잘해서 그림을 그리기 시작한 것이 아니라, 언니들의 그림을 따라서 그리다 보니 나도 그 정도는 그릴 수 있겠다 싶어 기회가 되면 그림을 그렸다. 그리고 각종 대회가 있을 때마다 상장을 받게 되었다. 그렇게 나는 어느새 그림 그리기를 잘하는 아이가 되었다.

그렇게 내가 잘하는 것은 '그림 그리는 것'이라고만 생각하고 다른 어떤 것도 해 볼 생각을 해보지 못했는데, 정말 우연히, 그리고 갑자기 글을 쓰게 되었다.

그 계기가 굉장히 우스운데, 친구가 수업 시간에 선생님 몰래 종이에 연필을 끄적이더니 시를 썼다고 자랑을 했다. 친구의 시를 쉬는 시간에 보게 되었는데, 왠지 글을 쓴다는 것이 어른스러워 보였고, 나도 사춘기 여학생의 감성을 따라 하고 싶어 갑작스레 시를 쓰게 되었다. 그렇게 무지 연습장에 쓴 내 생에 첫 번째 글이 '나뭇잎'이라는 시이다.

작품명 '나뭇잎'. '나무의 그 푸른빛도 저무는 해를 따라 시들어 가고….'

생생하던 초록 나뭇잎이 찬바람을 맞아 낙엽이 되고, 낙엽이 바닥에 떨어져 땅속 거름이 되는 계절의 변화를 삶으로 표현하고 싶었다. 그리고 그 시는 운 좋게 액자에 담겨 학예회 때 사람들 앞에 공개되었다. 당시 부모님께서 그 액자에 붙여주었던 안개꽃 다발도 기억날 정도로 인상 깊은 날이었다.

그렇게 나는 갑자기 글을 좀 쓸 줄 아는 아이가 되었다. 그 후에 독후감, 수필 등 여러 다양한 글짓기 대회에서 상을 받았다.

특히 기억에 남는 대회가 '과학의 날'을 맞아 발명과 관련된 책을 읽고 독후감을 쓰는 것이었다. 90년도 초반에는 글자가 많고 그림이나 사진이 없는 두꺼운 책이 대부분이었는데, 담임선생님께서 주신 두꺼운 책 한 권을 모두 읽을 자신이 없었다.

그래서 요령을 부려 목차에서 가장 흥미가 있는 부분을 찾아서 그 부분만 읽었고, 느껴지는 그대로 독후감을 썼다. 나중에 선생님께서 책의 전체를 읽지 않고 일부분만 읽고 쓴 글이라는 것을 아시고는 독후감을 제대로 작성하지 않았다고 꾸중하셨지만, 감동을 받은 부분에 집중해서 글을 쓰는 것이 올바른 감상문이라고 생각했고 지금도 그 생각에 동의한다.

그렇게 글쓰기에 대한 나의 재능을 발견하게 된 초등학교를 졸업하고, 그 후에는 솔직한 감정을 담은 글을 쓸 기회가 많지 않았다.

학업에 관련된 책, 수학능력시험 준비.

모든 책과 글쓰기는 대학입시와 관련되어 있어 재미가 없었고, 교과서와 문제지에 실린 글을 모두 읽기에도 시간이 벅찼다.

그 후 대학에 가서 글을 잘 쓰는 친구와 친해져서 같이 글을 쓰거나, 시험 후 도서관에서 읽고 싶던 책들을 쌓아놓고 읽어 보긴 했지만 리포트와 발표 준비, 아르바이트라는 바쁜 생활 중 나의 삶을 담은 글쓰기가 여전히 어려웠다.

그러다 직업군인이 되었고, 군 생활 중 독후감 대회에서 크고 작은 상을 받게 되었다. 전투를 준비하고 대비하는 군대에서 오히려 글이 잘 써지다니. 늘 마지막을 준비하는 군인에게 더욱 감성적으로 충만해지는 것이 당연한 일인지도 모르겠다.

군에 들어오면 누구나 효자가 된다고 한다. 부모님들이 걸어갔던 길을 군인이 되어 되짚어가며 부모님의 마음을 이해하고 공감하게 된다. 그래서 입대 후 내가 쓴 글 대부분이 부모님, 특히 하나 남은 내 부모님인 어머니에 대한 글인 것도 그 때문이다.

첫 입대 직후, 어머니에 대한 그리움이 너무 커 매일 저녁을 남몰래 눈물로 보냈었다. '이렇게 정신적으로 나약한 군인이 또 있을까?' 하지만 그 마음이 곧 걱정에서 안심으로 바뀌었다.

옛날에는 '조국'을 어미'母'자를 쓴 '모국'이라고 말했다고 한다. 조국은 조상 때부터 대대로 살던 나라를 뜻하고, 모국은 자기가 태어난 나라를 뜻하는 말이다. 그 '모국'이라는 단어에 '어머니', 즉 '부모님'이라는 뜻이 담겨있다.

부모님에 대한 사랑과 존경이 있는 사람만이 나라를 위해서도 충성할 수 있다는 뜻이다. 그로 인해 어머니를 걱정하고 그리워하는 나의 마음이 부끄럽지 않다는 것을 깨닫게 되었고, 지금도 부모님을 사랑하고 존경하는 마음 그대로 나라에 충성을 다하고 있다.

하지만 그러던 중 감정이 소진되어 어떠한 글도 써지지 않던 때가 있었다. 당시 나는 나의 마음을 어떠한 방식으로도 표현할 수가 없었던 상태였다. 그렇게 제목도 없이 백지인 상태로 몇 달을 비워 두었던 원고지 위에 갑자기 글이 써지기 시작했다.

"붙잡지 못하고, 가슴만 떨었지."

마음을 울리는 노래에 막아놓았던 내 감정의 봇물이 터져 나오기 시작했고, 다시 글이 써졌었다.

지금 나에게 '글쓰기'는 쓰고 싶을 때만 쓸 수 있는, 강제할 수 없는 그런 또 다른 나의 자아와 같은 존재다. 그 자아를 통해 나를 표현할 수 있고, 모두에게는 아니지만 공감을 받을 수 있어 행복함을 느낀다. 글쓰기가 나에게 그런 존재이기 때문에 내가 살아있음을 증명해 주고, 나의 자존감을 향상해준다.

우연히 나를 다시 찾아온 '글쓰기', 그 과정에서 찾은 나의 진솔한 모습. 앞으로도 글쓰기를 통해 더 큰, 또 다른 나를 찾게 될지 모르는 일이다.

여러분들에게도 '나를 찾는 과정'인 글쓰기를 추천한다.

이혜경

현)가치세움연구소 대표, 성폭력예방 및 생명존중교육, 부모교육, 푸드(감성아트)테라피, 독서모임, 국가교육위원회 국민참여 위원 등 정책 제안 참여 활동, 전) 경찰 근무
현) 교육청 인가 한국평생교육원 강사
현) 한국상담협회 강사
현) 한국인재개발원 강사

매일 읽는 긍정의 한 줄

　　　　나는 새벽형 인간이 부러울 때가 많다. 새벽 일찍 일어나 책을 읽는다는 사람, 하루의 일과를 계획하고 정리하고 회사를 출근한다는 사람들의 말을 들으면 그렇게 부러울 수가 없다. 나는 아침에 설령 일찍 일어난다 해도 무기력해서 무언가에 집중이 잘되지 않는다. 오히려 조금 더 누워서 정신이 맑아질 때까지 기다리는 편이 하루를 위해 더 낫다. 그러다 보니 출근 시간이 다소 탄력적인 회사에 다니는 사람이 매우 부러웠다.

　매일 9시간 이상의 규칙적인 근무와 야근, 갑작스런 비상 업무가 버거울 때도 있었다. 그러나 대민 업무에서 성실성과 충실한 약속은 중요했다. 언제나 오전 시작은 활기차고 분주해야 한다. 축 처진 어깨보다 '하루를 어떻게 보낼 것인가?' 하는 하루 각오와 작은 계획을 메모하며 하루를 시작하는 게 좋다. 특히 긍정의 힘이나 글귀를 새길 수 있는 책 읽기는 바쁘고 지친 일상 속에서 많은 도움이 되었다. 그리고 좋은 글귀를 써서 책상에 붙여놓고 읽고 보고 메모하는 습관이 아직 이어지고 있다.

언제부터인지 순간의 느낌과 스치는 잔상들, 기억나는 꿈을 글로 적거나 그림으로 남기기 시작했다. 며칠 기록하지 않으면 무언가 아쉬워졌다. 그래서 뒤늦게라도 기억에 남은 것들을 메모했다. 그러다 책 읽기와 메모가 습관이 되었다. 지금은 일상이나 서평을 블로그로 정리해 두니 더 좋은 것 같다. 아마도 나는 처칠이나 베토벤처럼 쓰면서 배우는 유형이 아닐까 싶다. 베토벤은 방대한 양의 스케치를 남겼지만 정작 작곡할 때는 쳐다보지 않았다고 한다. 윈스턴 처칠도 노벨 문학상을 받은 대문호이지만 학창 시절에는 오히려 선생님들의 걱정거리가 되곤 했다.

현대 경영학을 창시한 학자로 평가받는 피터드러커는 '자기 경영 바이블'에서 어떤 사람들은 무언가를 하면서 배운다고 한다. 즉 중얼중얼하기도 하고 이야기를 하면서 배우고, 들으면서도 배운다는 것이다. 책을 읽는 이유는 배우고 익히고 적용해 보는 것이 가장 중요한 동기 아니겠는가

책을 읽으면서 가끔 번쩍이는 아이디어가 떠올라 표시를 해두고 꼭 실천해 보기로 다짐한다. 사실 실천까지 가지 않는 경

우가 더 많지만 우선 섬광처럼 스치는 생각을 붙잡아 두고 싶다. 이번 독서에 대한 글을 쓰려고 하다가 오래된 수첩들을 몇 개 꺼내 보았다. 뭔가 아이디어를 얻을 게 있을까 해서이다. 수권이나 되는 수첩들을 다 읽어보고 싶었으나 시간도 체력도 허락이 안 되었다. 언뜻 열어보니 글 하나가 눈에 띄었다. 정지용 시인의 '별똥'이라는 아주 짧은 시 옆에 내 글도 메모가 되어 있었다.

별똥: 별똥 떨어진 곳/ 마음에 두었다 / 벼르다 벼르다 / 인젠 다 자랐오 -정지용-
흰머리: 언젠가 별에게 꼭 時 지어주려 했는데 / 별똥이 내 정수리에 먼저 앉아 버렸다오 -이혜경-

아마도 바쁜 일상을 살아가다 보면 문득 자신의 변해버린 모습을 발견하게 될 때가 있다. 책 읽기와 함께 메모하고 싶다는 욕구는 그렇게 빠른 시간을 조금이라도 붙잡아 놓고 싶은 행위에서 비롯된 것이 아닐까? 시간은 유한하고 할 일은 넘칠 때라도 여유 있는 시간은 나 스스로 만드는 것이다.

내 기억 중에 유난히 기억에 남는 책 하나가 있다. 그것은 2017년 어느 날 만난 '365 매일 읽는 긍정의 한 줄, 저자 린다

피콘'이라는 책이다. 유명한 인물들이 남긴 한마디씩을 정리해서 날마다 읽을 수 있도록 하는 내용이다.

나는 그 무렵 회사에 출근하면 그 책을 읽으며 내 마음의 어둠을 몰아내고 그날 하루의 긍정을 찾으려고 애썼다. 날마다 책 속 저자들이 내게 화두를 던지는 것 같았고 그것을 하루의 시간으로 엮어내려고 노력했다.

그 당시 많은 사람을 만나야 하는 부서로 자리를 옮겼고 경기 북부권의 12개 지역을 총괄하는 일도 담당했다. 아는 사람 하나도 없는 상급부서로 옮긴 탓에 긴장해 있었고 내 부서이동 선택에 대해 지나친 프로의식을 가지고 있어서 굉장히 애를 썼던 시기였다.

그때 나를 위로하고 버티게 해준 유일한 방법은 책 읽기, 치열하게 몰입하기밖에는 없었다. 그 책 이 외에도 채근담, 노자, 성경책 등 고전과 스테디셀러 중심으로 탐독해 나갔다.

업무는 그럭저럭 잘 헤쳐 나갔다. 내가 그 부서를 맡았을 때 턱없이 부족했던 인력도 여러 번의 충원 요청과 호소, 여러 도움의 손길들로 인해 문제없이 채워졌다. 간혹 부서 간 갈등도 있었지만 잘 해결해 나갔다.

나의 입지는 조금씩 괜찮아지고 있었다. 아마도 내가 날마다 책을 통해 채워 나갔던 긍정의 마인드가 효력을 발휘했던 모양이다.

6년이 지난 현재 나는 그 직업을 그만두었다. 지금은 연구소를 열고 독서 모임과 교육 활동에 주력하고 있다. 지금의 활동을 하리라고는 전혀 상상하지 못했다. 그저 책을 좋아하고 탐독하고 매일 책 속의 저자와 서로 소통하며 실천하고 싶은 한 사람이었을 뿐이었다. 관심 있는 책들을 탐독해가다 보면 어떤 보람을 분명 찾게 된다. 벤저민 하디의 '퓨처셀프'에서 '미래의 나를 위한 작은 투자를 시작하라.'는 그의 말처럼 지금의 노력과 투자의 시간들이 반드시 미래의 나와 연결된다는 것을 믿을 수밖에 없게 된다

2017년 가을 어느 날, 나는 갑작스럽게 갑상선암 판정으로 수술을 받았다. 수술 후 경과는 일반적이지 않았다. 공황장애, 3차 신경통, 어지럼증으로 몇 년을 고생했다. 그러나 그때에도 내게는 책이 있었다. '암, 걸을 힘만 있으면 극복할 수 있다, 저자 윤태호', '고미숙의 동의보감, 저자 고미숙', '있는 그대로의 나를 사랑하라 치유, 저자 루이스 L 헤이' 등 내게 필요한 건강 서적과 마음을 치유할 수 있는 나만의 책을 찾아 여러 번 탐독했다. 그리고 건강 회복에는 운동은 필수다. 내게는 가벼운 산책과 무리하지 않을 정도의 등산이 가장 적절했다. 죽음보다 먼저 아픔이 온다는 것, 고통 없이 조용히 죽는다는 것은 지극히 어렵다는 것을 알았다. 두 다리로 걷고 두 눈으로 식별하고 명

징한 결정을 내릴 수 있을 정도의 늙음보다 더한 축복이 없다는 통찰을 깨닫는 시간이었다. 지금은 약간의 저 체력 말고는 건강하다.

나는 그렇게 어두운 터널을 책과 함께했고 지금도 역시 책과 좋은 사람들과 함께하고 있다. 사람을 통해 안정감과 회복을 얻기도 하지만 책의 장점은 언제든지 옆에 두고 볼 수 있다는 것이다. 오늘도 책을 통해 매일 인생 긍정의 한 줄을 메모해 가며 나만의 길을 찾고 있다.

추억 소환 '책 속에 또 책이 있어'

발췌독이란 중요한 부분만 뽑아서 읽는 책 읽기 방법이다. 독서할 때 분명한 목적을 가지고 하나의 주제나 관심 사안을 발견하기 위해 책을 대할 때 요긴하게 사용되는 방법이다. 책에서 정말 중요한 부분 혹은 꼭 필요한 내용을 놓치지 않고 지식을 얻을 수 있다는 장점이 있다. 그렇게 발췌된 내용들을 하나로 묶으면 또 하나의 일관된 나만의 스토리 상자가 될 수 있다.

그중에 하나의 일관된 주제로 엮어진 '책 속에 또 책을 소개하는 책'들도 있고, 주제나 일관성 있는 인물들을 엮어 놓은 책들도 있다.

나는 그것들을 읽기 좋게 묶어 두어 스토리 상자로 엮었기 때문에 일종의 발췌독이라고 생각한다. 그 책들 속에서 의외의

풍성한 가지가지의 이야기보따리에 놀라운 경험을 하게 될 때가 있다. 책을 펼치는 순간 또 책이 들어있고, 그 속에 또 다른 책이 소개되면 어느 때는 너무 궁금한 나머지 그 책을 당장 읽어보고 싶다. 눈앞의 일이 손에 잡히지 않을 때도 가끔 있다. 책 속에서 책을 발견하고 또 그 책을 읽는 식으로 줄줄이 사탕처럼 독서가 이어진다.

나는 책을 소개하는 그런 책들을 몇 권 소장하고 있다. 몇 번의 이사를 했지만, 그 책들만큼은 내 곁에 두고 싶었나 보다. 애장용 책들에는 낙서, 밑줄 같은 메모가 많은 편이다.

나는 책을 구매하면 맨 앞장에 날짜와 내 서명을 한다. 때로는 그 책을 만나게 된 장소, 책과의 인연을 맺게 해준 어떤 사람의 이름을 살짝 써놓기도 한다. 오랜 독서 습관에서 나온 자동 행동이다. 그 이유는 잘 모르겠다. 언제부터 그랬는지 정확히 기억나지는 않는다. 그런데 그런 나의 행동이 꽤 낭만적인 기억을 소환할 때가 많아서 좋다. 어제 일도 기억이 나지 않는데 그 책에 쓰인 연도와 날짜를 보고 내가 '그때 뭘 했지.'라고 생각하면서 기억을 더듬어 보는 일은 내겐 작은 즐거움 중 하나이다.

그러나 그런 소소한 즐거움을 자주 즐기기엔 시시각각 트렌드에 맞춰진 최신 서적이 빠르게 발간된다. 꼭 읽어둬야 하는 책들 앞에서 시간 여유가 아쉬울 때가 많다. 한참 책을 가까이

했을 때는, 읽을 때마다 감명 깊은 곳에 메모와 함께 연도와 날짜를 기록해두었다. 나의 애장용 책들을 가까이 두고 펼치면 어떤 책은 몇 년도에 몇 번 읽었는지까지 알 수 있다. 무의식적으로 날짜가 내게는 중요한가 보다. 습관처럼 써 두고 기억을 떠올리는 것이다.

'대자연의 아름다움은 냉혹함의 또 다른 이름이며 인간이라는 존재의 우연성과 연약함은 피할 수 없는 운명'(2015. 3. 1)

'심산의 마운틴 오딧세이, 심산, 풀빛'

책 어딘가에 내가 기록해 둔 메모 내용이다. 이 메모를 보니 내가 그동안 많이 강해졌다는 것을 느낀다. 이 책은 국내외 산악문학선을 소개하고 있는데 읽을 당시 직장 동료들과 관악산을 자주 올랐었다. 그 무렵 책 속에 나오는 에베레스트, 아이거 북벽, 알프스 등 세계 명산들을 오르는 산악인들의 용기에 감탄하면서 나도 더 많은 산을 체험하고 싶다는 열망에 사로잡히곤 했다.

나는 산 정상에 도착하는 것보다는 오르는 그 자체를 즐기는 편이다. 쉬운 구간, 오르막길, 내리막길, 그리고 어느덧 힘겹게 힘겹게 정상에 도착하면 한눈에 들어오는 멋진 풍경들과 땀방울을 식혀주는 바람 한 줄기 그것이 전부이다. 사는 게 그런 거 아닐까, 행복은 늘 순간이다. 그 순간을 놓치지 않기를! 지금도 산이 좋아 산자락 어딘가에 살고 있다. 가벼운 옷으로 갈아입고 5분 이내 산을 오를 수 있는 거리이다. 언젠가 슬며시 지리산 종주의 꿈은 접었지만 말이다.

요즘도 책 속에 같은 주제로 엮은 성공담을 담은 책들이 많이 출간된다. 그런 종류의 책은 내겐 가치 책으로 분류되곤 한다. 그런 책들로 그동안 삶에 많은 도움을 받았기 때문이다. 특히 그런 책을 소장하며 감동 문구를 기억하려고 똑같이 필사한 흔적들과 메모들이 많다.

언젠가 감명 깊게 읽고 밑줄 긋고 별표 친 내용을 발췌하고 또 메모들을 한데 모아서 나만의 시간 모음집을 정리해 두면 어떨지 생각하니 피식 행복한 웃음이 난다. 겹겹이 산과 같이 쌓인 추억을 소환하는 일은 흥미로운 일이다.

곱씹다

'천천히 꼭꼭 씹어 먹자 그래야 소화도 잘되고 키도 쑥쑥 자란단다.'

자녀 키우는 엄마들은 무엇보다 아이들 먹이는 일에 에너지를 제일 많이 쓴다. 엄마의 마음과는 달리 뛰놀고 싶은 아이들은 틈만 나면 딴짓이다. 어찌 되었든 잘 먹고 잘 자고 잘 싸면 아이들은 건강하다. 그런데 그게 생각보다 쉽지 않다. 특히 아이들을 차분히 앉혀서 잘 먹이는 일은 더욱 그렇다. 아이들은 언제나 후루룩 먹고 제 갈 길로 간다.

이런 일이 마치 책 읽기와 거의 흡사한 과정 같다는 생각이 든다.

우리는 흔히 바쁜 일정 탓에 얼른 이 책을 읽고서 다음 할 일로 넘어가길 바란다. 그만큼 한 권이라도 지긋이 정독한다는 것은 쉽지 않은 일이다. 그러나 음식물을 꼭꼭 씹어서 소화하면 이롭듯이 책 내용을 차분히 내 것으로 체득하는 일도 유익하다. 이때 음식이 입맛에 맞으면 목구멍으로 술술 넘어간다. 반면 맛이 없을 땐 속에서 구미가 당기지 않는다. 먹는 속도도 자연히 느려지다가 다 못 먹고 남기게 된다.

책 읽기도 이처럼 잘 읽히는 책과 잘 안 읽히는 책이 늘 있다. 대부분 정독하는 책들은 자신이 참고하거나 지식화에 필요한 논문, 전공 서적, 정보가 많은 책들을 읽어야 하기에 인내가 필요하다.

공부의 신 대표인 강성태는 "요즘 교육의 중심이 '얼마나 알고 있느냐'에서 '얼마나 활용할 수 있느냐'로 옮겨가고 있다. 상위 1%의 독서법을 알면 어떤 문제 앞에서도 흔들리지 않는다."라고 말한다.

'기적의 독서법, 니시오카 잇세이'이라는 책에는 만년 하위권이던 학생을 일본 제1의 대학인 도쿄대를 가게 해준 독서법을 소개한다. 수동적 독서에서 능동적 독서로 독서법만 바꿔도 머리가 좋아지는 나섯 가지 능력을 활용한 방법을 소개하고 있다. 준비운동으로 읽는 힘을 끌어올리고, 취재하며 읽으며 논리 흐름을 잡아가고, 정리하면서 책을 한마디에 담으라는 것이다. 또

한 검증하면서 다각적인 시각을 익히고 마지막에 토론하며 읽으면 책의 내용을 오래 기억할 수 있다고 한다.

역시 책의 핵심을 한마디로 정의하기 위해서 정독하지 않고는 어렵다. 검증이나 토론 등 전략적 방법을 취하려면 꼼꼼히 읽지 않으면 불가능한 일인 것이다. 우리가 여기에서 말하는 정독(精讀) 역시 책 내용을 익혀서 활용하는 것이 목적에 있어야 더 선명한 과정을 끌어낼 수 있다. 책을 읽고 삶의 변화까지 이끄는 독서가 좋은 독서법인 것이다.

그러나 쉽지 않다. 요즘처럼 정보를 알려주는 채널이 많고 어느 때엔 여러 개의 카톡 방에 올라오는 정보도 다 못 읽을 때가 많다. 시간이 수많은 정보로 인해 쪼개지는 기분마저 든다. 부족한 시간을 활용해 어떻게 책 속에 든 내용을 곱씹어 우리 삶의 자양분이 되게 할 수 있을까?

누구한테 강력 추천받은 책이 아니면 필요한 책인지 먼저 탐색 과정은 기본이다. 책을 구매하면 가장 먼저 작가의 프로필, 초판 발행일과 인쇄 부수, 그리고 목차를 살펴보며 내가 진짜 배고픈 내용부터 살펴보고 그 페이지를 먼저 찾아 읽는다. 필요하면 밑줄을 긋고 포스트잇을 붙인 후 키워드도 메모한다.

구미가 당기는 필요한 내용을 접하면 책을 읽을 흥미 지수는 올라가게 마련이다. 다시 차분히 첫 페이지부터 읽고 싶다는 마음도 어디선가 솟아난다. 나는 두꺼운 책의 경우, 마지막 장을 먼저 읽어서 산 정상에 선발대를 먼저 보내듯 발자국을 하나 남겨놓고 다시 처음으로 돌아와 읽기를 시작하는 경우도 있다. 이렇듯 나는 첫 페이지부터 죽어라 읽지는 않는 편이다.

언젠가 지인과 책 읽는 방법에 관해 토론한 적이 있었는데 그녀는 반드시 첫 페이지부터 한 땀 한 땀 읽어 내려가야 심신이 편하단다.

사람마다 곱씹는 방법은 다를 수 있다. 많은 사람이 책을 읽긴 읽었는데 통 기억이 나지 않는다고 말하기도 한다. 이럴 때 책을 다 읽고 난 후 서평을 써보라. 얼마 전부터 블로그에 독서 서평 쓰기를 시작했는데 블로그에 올릴 작정이면 꼼꼼히 읽지 않을 수 없게 됨을 느꼈다. 책 읽기 독서 모임을 통해 읽기와 말하기가 동시에 개발되는 효과를 노릴 수 있다. 몇 년간의 경험으로도 나를 포함하여 참여하는 분들의 역량이 나날이 향상됨을 느낀다.

이렇듯 다양한 방법으로 책 내용을 꼭꼭 씹어 삼킴으로써 결국 얻는 건 남이 아닌 자신의 역량계발과 통찰과도 직결된다는 것은 더 말하지 않아도 너무도 분명한 사실이다.

절친 사귀기

　　학창 시절 공부 이 외에 가장 많은 고민 순위는 무엇일까?

　최근 통합데이터 지도로 분석한 결과에 의하면 우리나라 청소년 고민 1위는 바로 '친구'이다. 학창 시절뿐 아니라 어른이 되어서도 인간관계는 끊임없이 우리에게 불안을 주는 요소이다. 사교성이 좋은 사람은 별로 고민이 없겠지만 내향적인 성격의 소유자들은 친구 사귀기가 결코 쉬운 일이 아니다.

　그래서 사람들은 내적 불안을 해소하고 마음의 안정감을 얻기 위해 여러 방법으로 노력한다. 개인 취미활동을 즐기거나, 동아리 같은 모임을 만들어 함께 활동을 즐기기도 한다. 이것도 쉬운 것은 아니다. 서로 간의 문제로 트러블이나 소속감이 약해지면 오래 지속되지 못하는 경우도 생긴다.

우리에게는 가족이라는 가장 가까운 존재가 있다. 할 수만 있다면 가족 간 소통의 부재를 최소화해야 한다.

가족이 주는 정서적 안정감은 중요하기 때문이다.

자녀가 성장하면서 또래 관계를 찾고 부모 세대도 그에 맞춰 나이가 들수록 폭넓은 대인관계를 형성해야 여러 아쉬운 점들을 보완할 수 있다.

누구나 관계는 어려워한다. 그래서 많은 사람들이 책을 통해 다른 사람의 삶을 들여다보면서 인간관계에 관해 공부하기를 원한다. 내향적인 성격인 나의 경우, 어렵지 않으면서 조용히 실천해 나갈 방법이 바로 독서였다.

유년 시절, 도서관은 내게 가장 편안한 장소 중 하나였다. 솔직히 말하자면 친구들과 어울려 노는 것이 어려웠다. 나는 소심 그 자체였으며 결코 리더형이 될 수 없는 아이였다. 그럼에도 선생님들은 무슨 이유에서인지 반장 역할을 맡기시곤 했다. 아마도 성실함 때문이 아니었을까 싶기도 하다.

사는 내내 친구라는 존재가 얼마나 소중하고 중요한가! 그러나 나의 경우 이러저러한 이유로 그나마 몇 명 안 되는 또래 동창들과 서서히 연락이 끊어지게 되었다.

나는 주변에서 '수십 년 절친 친구가 있다.'라고 말하는 사람이 부럽다.

결혼 이후, 1년에 한두 번 만나던 대학 동창 모임도 근무 시간과 맞지 않아 나가지 못하게 되었다. 나는 간혹 그동안 친구 관리를 하지 못한 나 자신에게 자책할 때가 있다. 하지만 최선을 다했으나 만남이 이어지지 못한 관계도 분명히 있었다. 직장 생활을 하는 동안에도 동네 엄마 사귀기도 어려웠다. 주부 맘들과는 활동 반경과 시간 맞추기가 쉽지 않았기 때문이다.

나는 어느 날 자녀 교육 때문에 독서에 관심을 가지기 시작했다. 육아와 직장생활에 지친 터라 책 읽기는 까맣게 잊고 있었던 터였다. 처음에는 그림책 읽기로 시작했는데 나중에는 아이들의 독서나 잘 잡아줄까 하는 생각에 독서지도사 공부를 시작했다. 지금 생각해 보면 아이들과 나에게 유익한 경험이었다. 그렇게 독서방법을 공부하고 독서량을 조금씩 늘려가다 보니 어느새 나만의 즐거운 마음 공간도 생긴 기분이었다.

책은 인생 노하우를 내게 알려주었다. 육아 방법을 알려주고, 다양한 분야의 선생님이 되어주었다. 그 후 계속하여 책은 내게 조용히 읊조리는 군소리 없는 친구이자 비난 없는 멘토였다. 완벽하지는 않지만 내적 고립감도 어느 정도 채워지고 통찰력도 좋아졌다. 인류사에 오래 살아남은 고전은 몇 번을 거듭해서 읽어야 했다. 어떤 책들은 완벽히 이해하지 못하고 덮기도 했지만 읽었다는 스스로의 자부심이 생겨서 좋았다.

자존감을 주제로 한 책이나 마음 치유책, 자기 계발서는 스스로를 성장시키는 데 도움이 컸다. 지금도 그 책들은 내 책장에서 내가 찾아주기를 바라는 찐 친구들이다. 언제나 변함없이 나를 바라봐 준다. 내가 바빠서 오랜 기간 외면할 동안, 비록 '먼지 모자'를 뒤집어쓰더라도 나를 향한 기다림은 변함없다.

예전에는 모험을 위해 책을 읽었지만, 지금은 안심하기 위해 책을 읽는다. 언제나 그대로인 것으로 돌아갈 수 있다는 건 얼마나 근사한 일인가.

-레리 맥머트리, 시나리오 작가

나는 그 절친 책들로 인해 지금의 사람 절친들을 만났다. 지금 함께 공저를 엮어 가고 있는 훌륭한 대학원 동기들도 바로 책이라는 인연으로 만나게 되었고 지금 운영하는 연구소 사람들과도 책 나눔을 통해 더욱 공고한 우정을 쌓아가고 있다.

나는 변하지 않는 절친이 많아 행복하다.

친구란 내게 자존심이자 스승이며 행복 나누기이다. 재독도 이같은 절친 사귀기의 과정이다.

낭독은 아름다운 자신감이다

간혹 공교육과 관련된 학부모 단체 행사나 학술 세미나 행사에서 짧은 발언이나 사회 진행을 부탁받을 때가 있다. 가끔 내가 행사를 주최하고 진행하기도 한다. 남 앞에 서서 말한다는 것 자체에 큰 부담감이 밀려왔지만, 그동안 자녀 교육에 무지했던 반성이 나에게 동기부여가 되어주었다. 처음 이 일을 부탁하신 단체 대표분이 계시는데 내가 자신이 없다고 하자 그분은 내게 말했다.

"뭐가 걱정이에요. 원고를 보고 읽어도 괜찮아요. 나도 그렇게 시작했어요."

어려워할 것이 없다고 하는 말과 거절을 잘 못 하는 내 성격

탓에 한 번 두 번 참석하다 보니 지금의 내가 되었다. 처음부터 쉽게 익숙해진 것은 아니었다. 원고를 써서 읽어보고 또 읽어보고 시간을 체크해 보기를 반복했다. 이제 예전보다 자신감이 생긴 나를 발견하며, 언젠가 프로급 진행도 도전해 보리라 마음먹어본다. 이런 변화의 모습이 다른 사람에게는 대수롭지 않은 일처럼 보이겠지만 나에게는 잊지 못할 과거의 기억 하나가 있다.

37년 전 화창한 봄 어느 날로 기억한다.
중학교 운동장에는 왁자지껄 수많은 학생이 모였다. 호명된 학생이 차례로 교단에 올라가 자신이 쓰고 외운 원고를 발표하는 웅변대회 날이었다. 같은 반 연숙이도 참가했다. 어찌나 말을 잘하고 호소력이 있던지 청중의 박수갈채를 받았다. 그다음이 나였다. 나는 두 근 반 세 근 반 콩닥거리는 심장을 주체할 수 없었다. 어찌나 떨었던지 교단 위에 서자 외웠던 글자 중 한 글자도 내 머릿속에서 꺼낼 수 없었다. 나는 그렇게 씁쓸하게 한 마디도 못 하고 교단을 내려와야 했다. 지금 생각하면 '왜 한 마디도 못 했을까? 아무 말이라도 좀 하지.'라며 나 자신에게 약간의 가련한 마음이 들면서도 너무 어이없어 피식 웃음마저 나온다. 그러나 그 당시는 아! 얼마나 창피하던지 아직도 기억이 생생하다.

모든 친구가 나를 조롱하고 비웃는 것만 같았다. 나는 그렇게 창피한 마음을 주체하지 못해서 멍하니 한참을 잔디밭에 홀로 앉아있었다.

그 이후에도 공식적인 무대에서 혹은 집단 토의 시간에 공개적으로 말하는 것이 대체로 어렵게 느껴졌다. 이렇게 다른 사람들 앞에서 내 생각을 표현하는 것은 어쩌면 자신감과 직결되는 부분이다. 그때 오히려 아무도 내게 가타부타 탓하지 않았던 것이 다행이었는지도 모른다. 그래서 나는, 현재는 조금 찌질하고 부족하다고 여기는 부분이 언젠가 자신에게 좋은 자양분이 될 수 있다고 믿는다. 나와 같은 어려움을 가진 사람의 마음을 잘 알게 된다. 무엇보다 말을 화려하게 잘하는 것보다 애정 어린 말을 배우는 기회로 삼아야 의미 있는 일이 될 것이다.

'비단이 곱다 해도 말같이 고운 것은 없다.' '말 한마디가 천 냥 빚을 갚는다.'라는 속담이 있다. '오래 참으면 관원도 설득할 수 있으며 부드러운 혀는 뼈를 꺾는다.'라는 성경 구절도 있다.
이기주 작가는 '말의 품격'이라는 책에서 '말은 종종 현실과 공명한다.', '내 말은 다시 내게 돌아온다.'라며 말의 중요성에 대해 강조하고 있다.
어떻게 해야 실수 없이 말을 잘할 수 있을까? 상대방을 위로하는 따뜻한 말을 나눌 수 있을까?

나는 공개석상에서 원고 없이도 깔끔한 표현을 하는 사람을 자주 본다. 반면 두서없이 말을 많이 하는 사람도 만난다. 나는 약간 아쉬운 듯한 짧은 연설이 오히려 그 사람을 유능하고 선이 굵은 사람으로 보이게 하는 것 같다. 웬만한 전문 연설가가 아니라면 비전문가처럼 보일지라도 미리 할 말을 준비해서 정돈된 언어로 발표하는 것이 낫다고 생각한다. 준비해 온 글을 호소력 있게 잘 낭독하는 것도 많은 노력이 필요하기 때문이다.

그러므로 평소 책을 읽으면서 좋은 글귀를 낭독해 보자. 낭독은 내 목소리를 들으며 자신의 감정선을 풍부하게 연습할 수 있다. 큰 소리로 읽으면서 폐활량도 좋아지고 목소리도 젊어진다. 자기가 쓴 글을 낭독하면 더욱 좋을 것이다. 이렇게 낭독 연습을 할수록 놀라운 효과가 발생함을 알게 되었다.

얼마 전 지인과 오랜만에 전화 통화를 했다. 예전과 달리 내 목소리가 힘이 있고 활기차졌다는 것이다. 갑상선 수술을 한 사람은 대부분 목소리가 허스키해지는데 나더러 예외인 것 같다고 했다. 또 엊그제 지인과 지인의 어머니와 같은 차를 탔다. 한참 이야기를 나누는데 그 어머니께서 내 목소리가 예쁘다며 부러워하셨다. 한 번이 아니라 종종 그런 얘기를 들었다. 나이에 비해 그렇다는 것이니 오해 없기를 바란다.

그 주된 이유가 무엇일까?

어릴 때 내 목소리는 작은 편은 아니었다. 그런데 살다 보니 언제부턴가 호흡이 안으로 기어들어 가 긴 대화가 어렵게 느껴지는 때도 있었다. 궁여지책으로 생각한 것이 기압 소리 내보기, 찬송 크게 부르기, 그리고 내가 쓴 짧은 원고 여러 번 큰 소리로 낭독하기 등을 생활화한 것이었는데 사람들의 반응이 좋았다.

어릴 때, 아버지께서는 가끔 우리에게 현대 작품을 낭독해 주시곤 했는데 아직도 그 내용이 잊히지 않는다. 낭독은 기억력을 높여줄 뿐 아니라 글을 쓴 후에 자신의 글을 낭독해 보면 어느 부분이 매끄럽지 않은지도 깨닫게 된다.

이제부터 자기 생각을 적고 읊조리며 사람들 앞에서 자신감 넘치는 목소리로 자신감을 맘껏 표현해 보자. 언젠가 낭독은 아름다운 자신감으로 변화할 것이다.

나만의 서재를 꿈꾸며

'독서는 정신적 식사다.'

이 말은 다치바나 다카시가 자신의 책 '지식의 단련법'에서 밝힌 말이다. 그는 시민의 독서 생활에 있어서 도서관이 중심적 역할을 해야 한다는 식의 주장은 절대 반대한다고 말한다.

공공기관에서 무료로 대형 식당을 여기저기 만들어 그곳을 시민들 식생활의 중심으로 삼아야 한다는 것은 공산권에서도 소수만 그렇다며 우리에게 문제의식을 던져준다. 그는 자신이 읽을 책 정도는 스스로 골라 스스로 사고 늘 곁에 두면서 원하는 시간에 원하는 방식으로 읽어야 한다는 것이다.

이 말에 동의하는 사람도 있고 그렇지 않은 사람도 있을 것이다. 나의 경우 어느 정도 그의 말에 동의한다. 도서관에서 빌린 책들은 무료지만 필요 시에 재빨리 확인할 수가 없다. 메모나 밑줄 긋기 등 책에 중요 표시가 불가능하다. 무엇보다 두고두고 음미하기가 어렵다. 요즘은 온라인 정보가 풍부한 건 사실이지만 가벼움이라는 아쉬움이 뒤따르는 것도 사실이다.

일본 평론가이자 교수인 와타나베 쇼이치는 책을 많이 읽으면서 자신만의 지적 공간을 확보하는 일이 얼마나 중요한지, 지력과 영감이 어떻게 생산되는지, 그리고 장서의 축적과 지식의 누적효과에 대해 '지적생활의 발견'이라는 책에서 강조하고 있다.

돌이켜보면 학창시절 중 독서 활동은, 초등학교와 중학교 때 가장 활발했던 것 같다. 주 6일 수업이던 그 시절, 토요일에는 오전 수업 후 교실 청소를 마치고 하교했는데 반 아이들은 집에 일찍 갈 생각에 신나 했다.

반장이었던 나는, 청소 뒷정리를 끝내고 나면 어느새 동네 친구들은 집에 가고 없었다. 그 당시 학교 도서관에 들러 그림책이나 영웅전을 흥미롭게 읽곤 했는데 주말에는 책을 빌려 갔다. 책 내용이 재밌으면 들판 길을 걸으면서까지 책을 읽곤 했다.

"아이고매, 열심히 책 읽고 간다잉…… 공부 잘하겠다!"

어느 가을, 황금 들녘에서 추수하던 어르신이 구수한 사투리로 칭찬 한마디 던져주셨다. 지금도 그때 읽었던 신비로운 동화책 줄거리가 기억난다. 플루타르크 영웅전 같은 인물과 역사가 곁들인 이야기도 내가 좋아했던 분야의 책들이었다.

이후 대도시에 있는 여고로 입학하자, 내게 낭만 어린 독서는 연기처럼 사라졌다.

야간자율학습이 있었던 당시, 새벽부터 심야까지 내 하루의 전부는 학교 안에 있었다. 도시 생활과 학교 시스템에 적응하느라 바빴다. 그나마 대학 이후에는 도서관을 즐겨 찾기는 했지만, 흥미로운 독서 인사이트는 찾지 못했다.

20대 중반 취업 후에도 독서는 내게서 한참 멀어져 있었다. 첫아이가 태어나고 회사 생활도 고전(苦戰)하는 기간이었다.

시험 진급도 떨어지고 자동 진급 기간 1년을 남겨놓고 가까스로 심사 승진을 했다. 기쁘기는 했지만 첫 진급이 밀리니 모든 사회관계에서 밀린 듯한 기분이었다. 몇 년 후, 둘째 아이가 태어나 1년 육아휴직을 내고 나서야 마음의 여유가 조금 생겼다. 그때 어디선가 '입사 3년 내 독서량에 따라 직장의 성공 여부가 결정된다.'라는 글을 우연히 읽게 되었다. 무척 공감 가는 말이었다. 그동안 내가 '독서에 무관심했구나. 그래서 진급도 안 되고 회사 생활도 힘들었나.'라는 수많은 생각이 들었다.

그 당시 나는 필연적으로 책을 통해 삶의 조력을 받을 필요가 있었다.

2013년 어느 날, 내 독서 생활에 활력을 불어넣어 준 책 하나를 만났다. 이지성 작가가 쓴 '리딩으로 리드하라'였다. 초보자를 위해 인문고전 독서법을 안내하는 내용으로 많은 책이 소개되어 있었다.

책 속에 소개된 책 중에서 내가 소화할 수 있을 만한 책을 골라 차례차례 구매해서 읽었다. 책에 밑줄을 긋고 중요한 부분은 필사하고 '인문고전은 치열하게 미친 듯이 지독하게 읽어야 한다.'는 이지성 작가의 말을 실천하려고 노력했다. 엄청난 양의 인문고전들에 주눅이 들었지만 한 권 한 권 정복해 나간다는 데 의미를 두었다.

다산 정약용의 '목민심서', 박지원의 '열하일기', 누구나 아는 소크라테스나 칸트, 루소 등 서양 철학서부터 공자, 노자, 장자 등 동양 철학서, 그리고 인도철학까지 읽어 나갔다.

읽었던 책 중에서 기억에 남는 책을 꼽으라면 단연 칸트의 '순수이성비판'과 아르투어 쇼펜하우어의 '의지와 표상으로의 세계'라고 말하고 싶다. 나로선 도저히 소화할 수 없는 책이었다는 뜻이다.

책을 많이 읽는다고 해서 모두 도움이 된다는 의미는 아니다. 그러나 다양한 독서를 즐기다 보면 존 번연의 '천로역정' 같은 인생에 꼭 한 번 읽어두면 좋은 책도 발견할 수 있기에 의미가 깊다.

나는 일본의 '고양이 빌딩' 소유자이자 '다치바나 다카시의 서재' 작가이고, 엄청난 독서광이며 애서가로도 잘 알려진 다치바나 다카시의 '고양이 빌딩 서재'에 쌓여있는 수십만 권의 장서를 향한 그의 대담성이 부럽다. 그를 보고 얼마나 흉내 내고 싶었는지 모른다. 그러나 작고 소박하지만, 황금 들판에 잘 익은 곡식들처럼 자신만의 알찬 서재 꾸미기는 누구나 가능하다.

"아이고매, 열심히 책 읽고 간다잉…… 공부 잘하겄따!"

황금 들녘 어디선가 아련히 들려왔던 그 한마디를 실현하는 장소로.

글쓰기는 나 너머 소통의 빛 찾기이다

'드르륵~ 드르륵', '땡!'

이게 무슨 소리일까? 늦은 밤도 상관하지 않고 시도 때도 없이 울린다. 바로 카톡, 페이스북 같은 SNS 알림 소리이다. 수많은 정보와 마음들이 최첨단 시스템을 타고 내 사적인 공간까지 날아든다. 아침에 일어나 확인하지 않으면 수십 개에서 수백 개의 알림 숫자가 읽어 달라고 대기하고 있다.

나도 지금 하는 활동들을 종종 블로그나 페이스북에 포스팅한다. 익명의 이웃들이 내 글에 '좋아요'라고 눌러주면 즐겁다. 이렇게 소통 가능한 온라인 도구가 많은데 한편으론 굳이 종이 위에 글쓰기와 책 읽기가 필요할까 싶기도 할 것이다. 그럼에도 나는 종이로 된 활자체를 포기하지 못하고 공책과 수첩을 끼고 산다. 오래된 책이라도 나에게 감동을 준 책은 버릴 수가 없다. 늘 나와 같은 공간에 두고 다시 음미하면서 활용하는 것이 즐겁다.

나는 어린 시절 글쓰기에 별반 재능이 없었다. 그러다 중학교 때, 국어 선생님의 권유로 어느 가을 백일장에 나갔다가 '국화 옆에서'라는 제목의 글로 입상했다. 이야기는 뻔했다. 주인공은 학교에 적응이 힘든 아이였고, 집안이 불우하고 엄마도 없는 슬픈 이야기였다. 그때 나를 포함하여 백일장에 출전했던 선배들과 친구들 몇몇도 수상을 했다. 국어 선생님은 입상한 나를 껴안고 뛸 듯이 기뻐하셨다. 그때 '나도 글을 쓸 수 있구나'를 처음 느꼈다. 하지만 그게 다였다. 가끔 막연히 '소설은 어떻게 쓰는 걸까.'라는 의문이 들기는 했지만 말이다.

고등학생이 된 어느 날, 선배 권유로 '나래'라는 詩 문학 동아리에 가입했다. 남녀 몇 개 학교가 연합된 문학 써클이었다. 다른 분야도 마찬가지였지만 솔직히 시는 내게 역부족이었다. 나는 대충 쓴 시를 가지고 동아리 자체 시화전에도 참여했다. 조금 부끄럽기는 했는데 여러 사람과 함께 나누는 것 자체가 행복했다.

작가이자 글쓰기와 문학을 가르치는 세계적인 명성의 글쓰기 강사로 알려진 나탈리 골드버그는 '뼛속까지 내려가서 써라'

라는 책에서 작가란 자신의 강박관념에 대해 쓰게 되어 있다며 '강박관념을 탐구하라.'고 말했다. 우리를 가장 괴롭히는 강박증에는 힘이 있다는 것이다.

강약의 차이가 있지만, 누구나 조금씩은 자신만의 강박 증세가 있다. 끊임없이 자신을 표현하려고 애쓰는 부분도 여기에 해당한다. 작가만이 아니라 글쓰기는 모든 사람의 삶의 일부이고 창작의 대상이며 자기 성장과 연결되어 있다. 글쓰기에 마음 나눔과 소통이 추가된다면 그야말로 더 좋을 것이다.

나야말로 '외롭고 괴로우면 글이 되든 말든 무조건 적었다.'라는 '적기' 강박증 때문에 글쓰기를 해왔다. 누구라도 인생 몇 번의 큰 시련이 없겠는가? 나는 우선 학령기에 부모님과의 환경적 이별이 가장 큰 사건 중 하나다. 고등학교 때부터 대도시로 이사한 것뿐 아니라, 부모님 없이 어린 동생들과 주체적으로 살기 프로젝트가 어려웠다. 적절한 학업 성취가 더뎌지고 정신적 방황도 밀려왔다. 내겐 그 후유증이 오래갔다. 대학을 졸업하고 취업과 결혼을 한 후까지도 말끔히 정리가 안 되었다.

대학을 마치고 경기도 광주에서 직장 생활을 하던 어느 날, 여동생이 방 정리 중에 발견했다며 내가 쓴 여러 권의 일기장을 가져왔다. 그 일기장에 별별 이야기가 다 쓰여있어 낯이 뜨거웠다. 방황한 흔적들이 주저리 적혀 있었다. 대학 때 만난 지금의 남편 이야기도 쓰여있었다. 20년 직장 생활 동안에도 일기는 계속 썼다. 지금도 버리지 못하고 가지고 있다. 아마도 언젠가는 정리하는 날이 올 것이다. 어쩌면 지금 시작되었는지도 모른다.

누군가 왜 글을 쓰는가라고 물어본다면 다양한 답이 나올 것이다.

- 하루의 일과를 노트에 기록해야 하루가 정리되는 느낌이 들어서
- 기억에 남는 중요한 말을 메모하고 싶어서
- 책 집필과 개인적인 성장을 연결하기 위해서
- 글쓰기에 대한 열정을 버리지 못하겠기에
- 이 이야기는 다른 사람에게 꼭 들려주고 싶어서

나의 경우, 20년 넘는 공무원 생활 중에서 15년 이상 수사관으로 일했다. 출근해서 퇴근까지 금전이나 관계 등 여러 갈등 문제를 다루면서 쌍방 간 진술을 기록하고 증거자료들을 정리하는 글쓰기를 했다. 때에 따라 범죄 알리바이를 증명하려면 꼼꼼한 기록과 자료 수집이 필요했다. 피해 사건을 들어주고 해결해 주는 업무는 보람이 컸다. 그런데 내 나이 마흔이 넘어서자, 이유를 알 수 없는 불면증이 찾아왔다. 자도 개운하지 않고 업무 시간에는 피곤했다. 몇 년 계속되어 여러 곳 병원도 방문했

지만 고칠 방법을 찾을 수 없었다.

그래도 책 읽기는 계속했다. 그러다 어느 날, 나는 이상한 글쓰기가 시작되었다. 나로서도 이해가 안 되었다. 왜 쓰이는 글마다 동화적 내용이란 말인가. 그 당시 나는 뭔가 동화적 몽상에 사로잡혀서 멈출 수가 없었다.

수많은 동화 이야기를 써 내려갔다. 내 글을 신춘문예에도 보냈다. 당선은 안 되었지만 책을 만들려고 여기저기 알아보기도 했다. 그러나 책으로 이어지진 못했다. 왜냐하면 독자와 소통이 빠진 나만을 위한 글이었기 때문이다.

몇 해 전 건강 문제로 퇴직하면서 하던 모든 것들을 내려놓고 싶었다. 그러나 글쓰기에 대한 열정만큼은 가라앉지 않음을 깨달았다. 하지만 그 당시 마음의 정리가 안 되었는지 머릿속만 시끄럽고 글 분량이 나오지 않았다.

결국 글쓰기란 나만을 위한 글로만 끝난다면 현실과 만나는 길은 절대 열리지 않는다는 것을 깨달았다. 나와의 소통도 중요하다. 더 나아가 나와 잘 소통된 글은 남과도 잘 소통된다는 것을 알았다. 지금, 그 불면증은 언제인지 모르게 눈 녹듯 사라져 버렸다.

나는 오늘도 나 너머에 있는 소통의 빛을 만나기 위해 치열하게 공부하며 오늘도 '마음 나누기 공감 글쓰기' 중이다.

장선영

'0~7세 발달심리에 따른 책육아 실전 수업'의 저자.
태교부터 13년간 책육아를 실천한 독서교육전문가, 2023년 전국 고전 읽기 백일장대회 금상 수상. 푸드테라피, 감성아트테라피, 독서교육 및 부모교육 강연과 글쓰기 수업을 하고, 독서교육 칼럼을 쓰며 독서의 중요성을 전파 중이다.
현) 교육청 인가 한국평생교육원 강사
현) 한국상담협회 강사
현) 한국인재개발원 강사

나비가 꽃에 꿀을 따러 내려앉듯, 도서관의 서가 사이 한 권의 책에 꽂히다

"나는 한 놈만 팬다!"

언젠가 보았던 영화 '주유소 습격사건'에서 배우 유오성(무대포 역)이 한 대사다. 그 당시에는 '한 놈만 패다니 무슨 소리야?' 싶었다. 폭력이 부적절한 행위이지만 비유하자면 그렇다.

한 곳을 초토화시키면 상대방이 쉽사리 덤비지 못하기 때문에 초반에 기세로 상대방을 제압해야 하는 것의 중요성을 한 문장의 대사에 담은 것이라고 생각한다.

독서를 할 때에도 이와 같다. 독서법의 다양한 방법 중에 책을 가까이하지 않은 사람은 일단 자신의 관심 분야부터 탐독을 하게 된다.

어린아이는 세상을 배우고 싶어서 책을 펼쳐서 보는 것을 좋아하지만 자극적인 영상매체에 노출이 많이 된 어른들은 책을 일 년에 한 권 겨우 읽을까 말까 한다.

내가 결혼한 직후 딱 1년에 1권을 겨우 읽었다. 읽다가 앞으로 돌아가서 다시 읽고, 30장쯤 읽었을 때 도대체 무슨 소린지 이해가 안 돼서 앞 페이지를 다시 들춰보기 일쑤였다.

내 눈앞에는 살아있는 생명체와 같은 TV가 버젓이 서있었고, 나는 책을 놓고 다시 리모컨을 잡는 것이 습관이 되어 있었다. 그랬던 내가 엄마가 되고 아이를 기르다 보니 우연히 책육아라는 것을 알게 되었다.

살인적인 사교육비가 부모의 노후대비 자금을 옭아 먹는 함정이라는 것을 익히 피부로 느끼고 있었기에 사교육 시장에 내 지갑이 구멍 나는 일을 자초하고 싶지 않았다. 해서 책육아가 무엇인지, 무엇을 어떻게 시작해야 하는지 나는 블로그와 책을 탐독하기 시작했었다. 그때나 지금이나 책육아 하면 떠오르는 일명 '책육아의 대모'라 불리는 하은맘 김선미 님의 블로그와 책을 시작으로 '배려 깊은 사랑이 행복한 영재를 만든다' 푸름아빠 최희수 작가님의 책과 '육아 메시지' 신영일 작가님의 책을 포함한 책육아의 바이블 도서들을 모두 탐독하기 시작했다.

마른 논에 단비가 내려 돌덩이 같은 흙이 빗물을 흡수하듯이 나는 한 달에 대여섯 권씩 책을 사서 읽으며 흡수하기 시작했다. '평범한 아이를 공부의 신으로 만든 비법' 재혁시훈파님의 책을 포함하여 바보엄마 '달팽이 책육아'부터 일명 책육아 1세대 분들의 책육아 노하우를 모두 머리에 새겨 넣기 시작했다.

첫아이가 딸이었기에 나는 일단 딸육아, 외동육아에 꽂혔다. 아이를 낳고 기르는 일이 보통 일이 아니라는 것을 체험한 이후 '외동아이가 성공한다'라는 외국 저서를 찾아보고 외동아이 육아에 대한 논문을 찾아볼 만큼 육아에 진심이었고, 열심이었다. 아들이 둘 있는 엄마 아빠의 육아 실행기는 참고는 하되 무조건적으로 따라 하지는 않았다. 내 상황에서 내가 쉽게 따라 할 수 있는 방법론을 대입해서 실천했었고, 노력해도 안 되거나 어렵다 싶은 것들은 일단 후순위로 두었다. 쉬워야 오래 할 수 있으니까. 그리고 머리로 읽은 것을 안다고 생각하고 실천했는데, 잠자는 신랑 다리 긁는 것처럼 내 피부로 와닿지 않는 내용들은 가슴으로 읽어 내려고 반복해서 읽고 읽고 또 읽었다.

그래도 도저히 이해가 되지 않고, 가슴으로 받아들여지지 않는 내용은 필사해서 싱크대, 신발장, 책장 옆, 안방 문 앞, 화장실 문에 붙여 놓았다. 아기를 업고 재울 때 오며가며 눈가는 곳곳의 문장을 속으로 따라 읽었다. 외우기 위함이었.

만약 그런 투지와 열정으로 고등학생 때 공부를 했었다면 SKY는 따놓은 당상이었을 텐데 참으로 안타깝다고 생각한다.

뭐든 때가 있는 법을 경험으로 배웠기에 아이가 어린 시절에 성장하는 시기를 놓치지 말고 잘 키워야겠다는 다짐을 별이 지는 새벽녘마다 다지고 또 다졌다.

두려움보다 더 공포스러운 감정이 외로움이다. 맞으며 자란 사람이 가진 폭력의 공포보다 방치되어 자란 사람의 외로움이 더 큰 상처이다. 외로움의 상처가 있는 사람은 사람들과 어울려 잘 지내다가도 결정적인 순간에 자신을 고립시키는 무의식의 방향으로 인해 외로움을 반복하게 된다.

자식을 낳아 기르는 엄마가 된 사람이라면 자신의 내면을 들여다보고 관계에서 오는 물음표의 답을 자신의 어린 시절에서 찾아내야 한다. 나는 내 자존감의 높이나 단단함이 낮고 영글지 않아 책을 탐독했다. 나처럼은 키우고 싶지 않아서였다. 나보다 자존감 높고 자신감이 있는 사람으로 자라길 바랐다. 자신이 무엇을 좋아하고, 잘하는지, 내면의 소리를 들을 줄 알고 자신의 길을 선택해서 걸어 나갈 줄 아는 사람으로 아이를 기르고 싶었다. 육아에 몰입했던 이유는 그뿐이었다. 그 과정에서 육아서와 심리서는 나의 탐독의 대상이었고, 나를 성장시켜준 치트키였다.

결핍이 가장 큰 무기라 했던가.
"눈물 젖은 빵을 먹어보지 않은 사람과는 말도 섞지 말아요."
사업이 망했던 시절의 푸름아빠 최희수 작가님은 부인인 신영일 작가님께 이렇게 말씀을 하셨다고 했다. 아픔을 겪어보지 않은 사람과 자신의 처지를 비교하며 아파하지 말라는 메시지였는데, 얼마 전 대학원의 교수님께 자신의 아픔을 들으며 내 마음이 공명하기 시작했다. 가난과 결핍을 겪어보지 않은 사람이 몇 명이나 있겠냐마는 뼛속 깊이 가난으로 인해 아파본 사람은 아팠던 사람의 상처에 가슴으로 울게 된다.

어린 시절 내가 기억하는 부모님은 성실하게 일을 해서 전답과 집을 사서 노부모를 부양하고 시동생들을 대학원 공부와 결혼까지 시켰던 분들이다. 부모님의 뒷모습을 통해 노력이 돈으로 치환된다는 결과를 배울 수 있었다. 하지만 책을 통해 끊임없이 배우고 익히는 것의 중요성까지 배웠더라면 집안에 악운이 스며들 때 지혜롭게 피해 갈 수 있었을 텐데 하는 아쉬움이 남아 있었다. 해서 엄마인 내가 먼저 책을 통해 성장하고, 무너지지 않을 공든 탑을 쌓는 본보기를 보이고자 노력했다. 그러면 나의 자녀들도 엄마의 모습을 자신의 자아상으로 가져갈 것이라 믿었기에 나는 손에서 책을 놓지 않았다.

거미가 집을 짓듯이

지역마다 중앙도서관이 있다. 한 지역을 대표하는 중심지마다 있는 중앙도서관의 서가는 많은 도서를 소장하고 있다.

내가 결혼 후 처음으로 장만했던 아파트는 중앙도서관과 일차선 도로를 두고 마주 보며 있었다. 오래되고 고즈넉한 동네였다. 도서관과 공원을 합쳐 놓아 아이들이 뛰어놀고 노인들이 햇볕을 쬐며 각종 나무들이 주는 피톤치드와 안락함을 즐기는 곳이었다.

이사를 들어갈 때쯤 첫아이가 95일경이었다. 첫 집에서 아이의 백일잔치를 치르고, 아이를 안고 재울 때마다 도서관 공원을 서성였다. 아기띠로 아기를 안고 모자를 푹 눌러쓰고 슬리퍼를 신고 나서면 나는 영락없는 동남아였다. 동네에 남아도는 아줌마.

그 당시에는 그런 말도 몰랐기에 남들이 나를 어떻게 보던 상관하지 않으려 모자를 더욱 깊이 눌러썼고, 오로지 아기가 안심하며 잠들 수 있도록 포근히 안아주는 일이 나에게 최선이었다.

'오늘 딱 하루만 생각하자.'라고 생각하며 나는 똑같은 일상이 반복되는 육아 루틴의 시작을 하루살이의 사랑으로 시작하고 마감했다. 그러던 내게 둘째 아이가 찾아왔다. 아이는 축복이고 사랑이기에 둘째 아이도 열과 성으로 정성을 다해 키우겠노라 다짐했다. 임신 때부터 감사하게도 건강하다고 했고, 태어나서도 튼실하고 건강해서 나는 그저 모든 것이 감사했다.

그런데 아뿔싸! 첫째에게 확 쏠려 있던 나의 사랑이 둘째를 낳으면서 작은 아이에게 눈길이 자꾸만 쏠렸다. 작고 여린 아이에게 눈길이 가고 정성을 쏟게 되는 것은 어쩔 수 없는 일인가 보다 하며 속으로 생각했다. 하지만 이런 나를 바라보는 첫째 아이의 입장에서는 자신의 모든 것이나 다름없는 엄마의 사랑을 빼앗기는 과정이라 여기기에 퇴행이 찾아왔다.

생각지도 못한 일들의 연속이 삶이라지만 어느 정도 부모가 되기 위한 육아 공부를 했다고 생각했었는데, 첫째 아이 즉 외동아이를 기르듯이 하다가 둘째를 낳고 나서는 남매 육아, 둘째 아이 양육법, 첫째 아이의 퇴행과 질투에 대한 양육과 엄마의 내면을 들여다볼 수 있는 심리서를 독파해야 했다.

그런데 나에게 주어진 시간이 48시간이고 내 몸이 아메바처럼 두 쪽으로 나뉠 수 있다면 좋으련만 마음처럼 몸이 따라와 주질 않았다. 그래서 나는 발췌독을 하기 시작했다.

나름 읽고 적고 외우고 공부하는 것에 자신이 있었던 나인데, 웬걸! 육아는 정말 어려웠다. 대학 전공서보다 육아서가 어려웠고, 상담심리학 전공서보다 심리치유서가 더 어려웠다. 왜냐하면 엄마가 된 나 자신을 분석하면서 책을 읽었기 때문에 어렵게 느껴졌던 것이 첫 번째 이유이고, 난생처음 해보는 엄마 노릇에 가랑이가 찢어질 듯 힘들었기 때문이다. 일단 사람이 수면 부족에 시달리니 힘이 들었다. 워낙 힘든 상황에서 버티는 것이 특기인지라 힘들어도 내색을 잘 안 하는 편인데, 점점 초췌해지고 살이 나날이 빠져가는 내 모습을 보며 친척들이 안타까워했다.

예전의 내 모습은 온데간데없고, 잠을 못 자서 눈이 움푹 들어가고 두 겹, 세 겹 쌍꺼풀이 되어 있는 내 모습에 다들 혀를 끌끌 찼다.

"아기 잘 때 아무것도 하지 말고 자라!"

친정엄마는 늘 그렇게 말씀하셨다. 책 읽는 것도 좋지만 아기가 잘 때는 엄마도 같이 잠을 자야 아이를 키울 수 있다고 따끔하게 말씀하시곤 했었다. 하지만 내 입장에서는 한 생명을 책임져야 한다는 책임감과 더불어 아이를 잘 기르고 싶다는 간절함이 있었기에 다양한 책을 읽고 싶다는 열망이 불타올랐다. 아이를 잘 기르려면 책을 읽어주라는데, 책의 저자가 답하는 답변이 내 속을 후련하게 해주지 못했다.

"왜? 왜 읽어줘야 되는데요? 어째서?"

그 이유를 찾아 나는 배고픈 하이에나가 되어 책을 찾아다녔다. 물음표가 해결될 때까지 끝까지 물고 늘어졌다.

둘째가 태어나기 전에 첫째의 읽기 독립이 되어 있었기에 둘째를 모유 수유하고 있으면서 나는 내 책을 읽고 첫째는 내 옆에서 책을 읽었다. 그러다 둘째가 자라 걷기 시작하니 그때부터 정말 전쟁이 시작되었다. 위기 상황이 펼쳐지기 시작했다.

첫째는 또래 아이들과의 관계를 맺을 시기라 유치원에 갔었고, 나는 둘째를 안고 낮잠을 재우기 위해 도서관 공원을 서성였다. 첫째는 아기띠를 사용했었고, 둘째는 힙시트를 사용해서 안고 재웠는데, 아이가 잠이 사르르 들고나면 나는 재빨리 도서관 엘리베이터를 타고 성인 도서 서가에 가서 육아서를 골라왔다. 그리고 나는 아이에게 흔들리지 않는 편안함을 선사하며 자리에 착석했다.

그때부터 나의 발췌독의 스킬이 자라나기 시작했다. 내가 알고 있던 육아지식에서 모르는 것을 골라온 책에서 뽑아내어 재빨리 찾아 읽고, 노트에 메모하기 시작했다. 책을 찾아 읽을 때 목차에서 내가 모르는 것만 체크해서 그 페이지로 가 후루룩 읽다 보면 아이가 낮잠을 자는 1시간 30분~2시간 사이에 꽤나 많은 분량의 책을 읽을 수 있었다.

발췌독을 했다고 해서 그 책들을 모두 완독했다고는 할 수 없지만, 적어도 모르는 분야에 대한 핵심을 쏙쏙 뽑아내었기에 그 책의 유용성은 100% 다 달성했다고 자부한다.

하지만 모든 것에는 일장일단이 있듯이, 발췌독의 장점 외에도 '다 읽었다는 착각'을 단점으로 꼽을 수 있다.

보통 한 권의 책은 하나의 요약된 메시지를 전달해 주면 잘 쓴 책이라고 할 수 있는데, 때때로 저자의 전달 메시지가 3개 혹은 다수일 경우 독자 입장에서 발췌독만으로 그 책을 쓴 저자의 의도까지 다 파악하는 완독, 정독을 했다고 말할 수 없기 때문이다.

그럼에도 불구하고 자신에게 현재 꼭 필요한 지식과 정보를 책에서 얻어내는 발췌독은 한 그루 나무의 여러 갈래로 뻗은 가지에서 잘 익은 열매만 똑똑 따내어오는 수확의 과정이다.

육아가 어려운 이유는 역설을 이해해야 하기 때문이다. 역설을 이해한다는 것이 무엇일까? 이 한 문장을 이해하기 위해서라도 다방면의 지식을 거미줄 치듯이, 그물을 엮듯이 얼기 설기라도 내 머릿속에 회로를 만들어야 했다. 그 과정에서 발췌독은 거미가 실을 내어 좌뇌에서 우뇌를 오고 가듯, 씨줄과 날줄을 엮어내듯 내 머릿속에 지식의 서가를 만드는 작업 과정이었다.

저기압으로 비가 오는 날은 아기가 잠을 잘 잔다. 낮잠도 아주 푹 잔다. 그런 날에 아기를 안은 채로 발췌독한 책에서 뽑아낸 문장을 노트에 필사하던 내 모습을 유심히 바라보던 사람들의 눈길이 곁눈으로 간파가 됐었다.

한낮의 도서관에는 집중해서 공부하러 온 고시생들도 많았는데, 육아맘의 입장에서는 아기가 깨어 울기라도 하면 난공불락이었다. 필사하는 내 모습을 힐끗힐끗 쳐다보는 사람들의 눈빛에 내 마음이 긴장되어 있으면 아니나 다를까……. 엄마 마음이 불안하면 그 불안도가 아이의 잠이라도 깨우는 듯 아기가 깨서 까웅까웅 울기 시작했다.

나는 후다닥 에코백을 열어 아기가 한잠이 들었을 때 이미 대여 신청을 했었던 책들을 주섬주섬 천가방에 담고 아기를 토닥이며 도서관을 후다닥 빠져나왔다. 입으로는 연신 "(소란스럽게 해서) 죄송합니다. 죄송합니다."를 연발하며…….

아기를 안고 책을 읽던 엄마가 아기가 깨어 울면 그 순간 죄인이 된다. 도서관은 조용히 해야 하는 공간인데, 아기가 잠시라도 울었으니 엄마의 책임이지 않는가?

그래서 나는 나처럼 힘들게 육아 공부를 하는 엄마가 더 이상 없기를 바라며 그동안 공부한 내용들을 책으로 엮었다. 힘들지 않게 쉽고 재밌는 육아를 하길 바라는 마음에서 책육아·독서교육의 핵심을 전달하는 육아 강사, 부모교육 강사가 되었다.

이 일이 본업으로 얼마나 갈지는 알 수 없으나 그저 나는 나에게 주어진 길을 겸허히 가겠노라 다짐해 본다. 여기까지 오게 해준 다양한 책들과 독서법이 나를 성장시켜 준 만큼 누군가에게도 성장의 도구가 되길 바란다.

책과 내가 하나가 되는 물아일체(物我一體)의 경험

　　소파와 물아일체, 티비 리모컨과 물아일체, 침대와 물아일체를 이루어 본 사람들은 알 것이다. 그것들은 살아있는 생명체와 같아서 나의 영혼을 흡수해 버린다는 사실을!

　내 영혼과 시간을 거머리처럼 피빨아 먹어 버리던 3총사 물건과 엄마가 된 이후 이별을 하게 되었다. 그러다 어느덧 내 영혼과 물아일체를 이루는 것이 책으로 이어지기까지 참 지난한 여정을 거쳐왔다.

　회사에서 만난 친구들이 '꽃보다 남자' 드라마에 꽂혀서 이야기꽃을 피울 때 나는 속으로 생각했다.

　'그런 유치찬란한 로맨스 이야기에 왜 저렇게 난리야?'

　이야기에 동조되지 않는 나를 친구들은 은따시키기에 이르렀고, 나는 드라마 줄거리 파악이나 해보자는 심정으로 TV를 켰었다. 그 후로 드라마 중독이 되어버린 듯 뽀글이 파마머리 꽃미남의 오글거리는 대사도 키득거리며 보고 있었다.

내 시간을 갉아먹는 듯한 찜찜한 기분이 느껴질 때쯤이면 이미 시곗바늘은 자정 가까이 되었고, 피곤에 찌든 몸으로 잠을 자면 다음 날 아침에도 피로가 풀리지 않았다.

엄마가 되어 드라마를 끊었노라고 자부하던 것도 잠시, 어느 날 네이버 기사를 보다가 '별에서 온 그대'를 알게 되었다. 유튜브로 5분, 10분짜리 줄거리 요약 영상을 검색해서 보았던 장면에서 인상 깊었던 부분이 있었다. 남자 주인공 김수현이 여자 주인공 전지현을 구하는 장면에서 모든 시간이 멈추고 오로지 남자 주인공 혼자서만 그 공간을 누비며 시간을 홀로 쓰는 장면이었다.

'드라마니까 저런 설정도 가능한 거지~' 하며 혼자 생각을 하던 나는 책을 읽다가 그와 비슷한 경험을 하게 되었다. 일명 몰입독서 즉, 정독을 하다가 나도 모르게 책과 내가 물아일체가 되어 책 속에 내가 있는 듯했다. 나를 둘러싼 시간이 멈춰버린 듯 내 주변의 소리가 하나도 들리지 않고 책의 스토리가 뇌리에 각인되는 듯한 경험을 했었다. 마치 영화필름 위에 기록이 되는 듯한 묘한 기억이 그것이다.

뇌가 몰입의 경험으로 절정의 기쁨을 느낀다는 것이 어떤 것인지 독서를 통해 맛을 보게 되었다.

경험보다 나은 배움은 없다고 생각한다. 책에서 몰입독서라는 문구를 읽어도 내가 체감해 보지 않았던 이전과 몰입독서의 절정을 경험한 이후의 독서는 나에게 천양지차의 격차를 선사해 주었다. 책을 의무감으로 억지로 쥐어짜듯 노력해서 읽던 것에서 넘어가 책이 쉼이 되고, 숨이 되며, 내 피부가 되는 듯한 단계로 들어선 것이었다. 이는 억지로 독서를 습관화하려고 노력했던 일상이 누적됨으로 인해 나도 모르게 임계점을 넘어간 순간 생겨난 일이기도 하다.

그리고 또한 의무 독서의 노잼의 경계를 넘어 내가 꽂히고 관심이 있는 분야의 책을 읽었을 때 일어난 일들이었다. 나의 인생 책들 중 몰입 독서를 통한 절정의 기쁨을 준 책은 박창모 작가의 '당신이 속고 있는 28가지 재테크의 비밀', 이지성 작가의 '생각하는 인문학', 로버트 S. 멘델존의 '병원에 의지하지 않고 건강한 아이 키우기', 전혜성 박사의 '생의 목적을 아는 아이가 큰 사람으로 자란다', 최희수 작가의 '사랑하는 아이에게 화를 내지 않으려면'이다.

책과의 인연은 그 책을 쓴 작가와의 연결고리가 되어 그 작가의 삶이 내 삶에서도 연계되는 듯한 느낌을 줄 때가 있다. 그 필연적인 느낌을 알고 난 이후부터는 되도록이면 양서, 좋은 글, 명언들이 수록된 책을 곁에 두기 위해 노력한다. 마치 좋은 친구를 곁에 두었을 때, 멘토와 자주 교류했을 때 그 사람의 좋은 습관을 배우고 익히게 되는 것과 같은 이치이다. 좋은 향기를 곁에 두었을 때, 그 잔향이 내 몸에 묻는 것과 같은 것이다. 좋은 책을 읽어서 내가 좋은 사람이 되고 싶었고, 좋은 사람으로 살다가 나 역시 좋은 책을 쓰고 싶었다.

소중한 것일수록 지키고 아끼게 된다. 내 것일수록 더욱 그렇다. 나 자신을 아끼고 사랑하는 것처럼 자신이 소중한 사람은 자기 소유의 물건을 포함한 돈까지 소중히 다룬다. 자수성가형 부자들이 쓴 자서전 및 자기계발서를 읽고 나서는 내가 가진 돈이 더 좋은 돈을 불러올 수 있도록 재테크에 세심히 신경을 쓰게 되었다. 아이를 글로벌 리더로 기른 분들의 육아서를 읽을 때는 배포가 큰 사람으로 기를 수 있는 환경과 육아 방침들을 벤치마킹하여 더없이 인자한 엄마가 되기 위해 의식적인 노력을 했다.

또한 처절하고 아픈 내적 불행을 가진 사람들이 자신의 상처를 사랑하는 자녀에게 대물림하지 않기 위해 자신의 내면을 들여다보고 상처를 치유한 심리치유서를 읽으면서는, 나 역시 내가 가진 상처를 내 아이들에게 주지 않기 위해 피나는 각고의 노력을 했었다. 읽고 외우고 행했고, 행동으로 드러나지 않는 것은 손글씨로 쓰고 벽에 붙이며 다시 의식에 새기기 위해 노력했다.

두 아이를 가정 보육하고 책육아를 하며 가정에서부터 책 읽는 독서교육을 실천한 지난날, 둘째를 등에 업고 첫째에게 책을 읽어주고 놀아주다 보면 무릎과 발목, 발바닥에 불이 나는 듯 아팠다. 나와 동갑내기인 미혼 친구는 예쁜 보카시 털 슬리퍼를 사서 신으며 멋을 낼 때, 나는 파란색 삼선 슬리퍼를 사서 집안에서 신고 다녔다. 그렇게라도 아끼고 내 발과 무릎을 보호하기 위함이었다.

그 당시에는 눈물겹도록 '내가 이렇게까지 살아야 되나?' 자문자답했었지만, 지나고 온 그 길을 되돌아봤을 때 백 번 이백 번 잘한 일이라고 생각한다.

근검절약이 생활화되어 있지 않은 자수성가형 부자는 없다. 알뜰하게 아끼고 모은 종잣돈이 선한 돈을 불러오고, 내 나이 인생의 하프 기간인 50대가 되었을 때 복리로 불어나 있을 시드머니라고 생각한다면 절약이 결코 구차한 행동이 아님을 알게 된다.

나무를 보지 말고 숲을 보라는 격언이 있다. 숲을 보기 위해서는 숲보다 더 높은 곳에 있어야 한다. 자신의 잠재 가능성이라는 날개를 펴고 창공을 날아올라야 숲이 보이게 된다. 두려움에 휩싸여 날개를 움츠리고 있을 때는 절대 그 숲이 보이지 않는다.

당신의 두려움은 무엇인가? 당신의 날개를 움츠리게 하는 결정적 요인이 무엇인가? 당신 내면 안에서 그 답을 찾아라. 자각하는 순간 당신의 날개가 찬란히 펼쳐지는 것을 느끼게 될 것이다.

책과 내가 하나가 되는 경험을 한 번이라도 하게 되면 그 이후의 삶이 달라진다. 삶의 주인공이 자신임을 명징하게 알게 되고, 삶을 개척해 나가기 위한 계획을 단, 중, 장기로 세우게 되며, 작은 성취를 누적하며 자신감을 키워 나가게 된다. 자신감이 키워지면 자존감이 단단하게 영그는 것은 자명한 순리이다.

영상매체가 주는 인스턴트 단맛에 속아 자신의 시간을 갉아먹지 말고, 우직하게 종이책을 읽어 나가며, 부지불식간에 얻게 되는 독서의 절정 경험에 **빠져보자**.

재독을 통해 작가의 의식과 정렬하다

독서 초보자에서 책을 쓰는 일을 하기까지 많은 일이 있었다. 우선 내 머리가 텍스트를 읽고 이해해서 장기기억에 넘기기까지 뇌가 깨지는 경험을 해야만 했다. 기존의 패턴대로 생각하는 나만의 알고리즘의 룰을 깨고 멋지게 성공적인 인생을 산 작가들의 철학을 뇌에 각인시키기 위해서는 줄탁동시의 체험이 동반되어야만 했다.

내 안의 나를 깨우기 위해서는 등대의 불빛이 필요했는데, 그것이 나에게는 육아서와 심리서였다. 웨인 다이어의 '아이의 행복을 위해 부모는 무엇을 해야 할까' 책은 전 세계 1,500만 부가 판매되었던 자녀 교육서이다. 원작의 제목인 '모든 아이는 무한계 인간이다'를 개정한 이 책은 육아의 바다에서 길을 잃은 부모들을 위한 자녀 교육 지침서이다.

한 생명을 잉태해서 세상의 빛을 보게 한 엄마는 아이를 낳아 품에 안으면 혼란에 빠지게 된다. 한 생명을 책임져야 한다는 사명감으로 인하여 마음속에 잠들어 있던 온갖 불안과 두려움이 수면 위로 올라오게 된다. 두려움은 사람을 위축되게 하고, 한없이 작은 인간임을 받아들이게끔 하지만, 또 한편으로는 두려움 없이 아이를 기르고 싶다는 오기를 작동하게 했다.

배움에 대한 두려움 없이 자신의 내면의 소리를 들을 줄 아는 무한계 아이의 특성을 읽을 때 내 가슴은 떨리기 시작했다. 어떻게 해야 아이를 있는 그대로 조건 없이 사랑하는지를 몰랐기에 그렇게 실제로 행동하며 아이를 잘 기른 사람들의 육아서를 탐독했었고, 그 과정에서 내 마음이 꽂히는 책은 재독을 했다. 머리로 읽었다고 해서 이해했다고 착각했었는데, 알고 보니 내 내면에서는 받아들일 여지가 없었기에 재독의 과정을 거쳐야만 했었다. 읽었다는 착각을 깨고 나오기 위해서 나는 읽었던 책의 문장을 손글씨로 A4용지에 옮겨 적기 시작했고, 그 종이들을 집안 곳곳 눈 닿는 모든 곳에 붙이기 시작했다.

한 권의 책에서 꽂히는 문장을 A4용지 한 장에 요약정리를 하다 보면 요령이 생긴다. 또한 중요 문장을 쓸 때, 작가의 의도를 다방면으로 생각하는 묵상의 시간을 가지게 되는데 이때마다 나만의 사고력이 자라기 시작했다. 20개의 책장을 집안에 들여서 내가 만들어 놓은 나만의 홈도서관을 서성이며 홀로 하는 사색의 시간은 마치 내가 육아의 바다를 항해하는 선장이라는 상상을 하게 했다.

빛이라고는 하늘에 떠 있는 별빛이 전부인 육아의 바다. 거기에서 내가 가고자 하는 곳을 지정해야 하는데, 그때 나에게 꽂혔던 첫 책은 신영일 작가님의 '육아 메시지'였다. 가난한 신혼살림에서도 아이에게 책을 사주기 위해 애쓴 과정이 담겨 있었다. 한겨울에 남편이 퇴근해서 오기까지 추운 방 안에서 보일러를 끄고 아기를 안은 채 체온으로 버티고 있다가, 남편과 시동생이 올 시간에 맞춰 보일러를 켜서 남편이 가난한 살림을 미안해하지 않도록 배려했던 아내의 책육아 일대기였다. 그 책은 내 마음에 잔잔한 평온을 가져다주었고, 가난하고 게으른 엄마여도 책육아를 통해 아이를 잘 기를 수 있다는 희망을 품을 수 있게 해주었다. 가슴 시리도록 따스한 그림이 들어간 산문집 같은 육아서였기에 육아에 지칠 때마다 꺼내서 읽고, 지친 나를 스스로 다독이곤 했다.

육아의 거장인 웨인 다이어의 책을 읽고 또 읽고 곱씹을 때마다 아이의 내면이 보이기 시작했다. 아이가 눈빛으로 요청하는 것이 무엇인지 느껴지기 시작했다. 간접화법을 쓰는 아이의 말이 배려를 받은 아이들의 특징이라는 것을 알게 되었을 때 내 가슴은 봄바람에 꽃망울을 터트리는 꽃봉오리처럼 설레기 시작했다. 이 모든 설렘의 감동을 준 재독, 즉 반복독서의 기쁨은 나를 책을 좋아하는 사람으로 성장하게 해주었다.

행복한 날도 지치는 날도 모두 우리네 삶이다. 때때로 부자의 삶이 나타나 있는 단편적인 모습에 질투심을 유발하는 SNS를 끊고, 바다에 침몰하는 세월호의 모습을 반복 송출했던 TV를 벽에서 떼어내던 날 다짐했었다. '내 아이를 지키는 엄마가 되겠노라!'라고…….

세월호 안 유리창 밑으로 수장되어 가는 사람들의 모습을 반복해서 보았던 2014년 4월 16일은 내가 TV와 진정한 이별을 다짐하게 했던 날이다. 충격적인 화면을 반복해서 보았던 날 밤 악몽에 시달렸다. TV를 벽에서 떼어내며 나는 점점 종이책의 매력에 빠져들어 갔다.

평화롭기만 한 세상에서 아이를 키운다는 것은 천국에서나 가능하지 않을까? 선과 악이 공존하는 세상에서 아이를 지키며 고군분투하기 위해서는 현자들의 지혜가 담긴 책을 재독해야만 했었다. 그들의 지혜를 빌려와 나만의 것으로 소화하기 위한 재독은 나와 아이들이 살아갈 날들을 위한 공부였다. 소가 되새김질을 하며 여러 번의 소화를 거치듯이, 감명 깊게 읽었던 책을 다시 재독하는 것은 독서의 재미가 무엇인지 깨닫게 해주는 생존 놀이였다. 또한 이 험한 세상에서 안전하게 삶을 살아가도록 방침을 세우게끔 나만의 나침반을 설계하도록 도움을 준 것이 재독의 행위였다.

낭독은 금이다

"침묵은 금이다."라는 말이 있다. 결정적인 순간의 침묵은 금이 될 수 있다.

집에서 있었던 일을 밖에 나가서는 비밀로 해야 하는 가정의 규칙은 수치심이 내재화된 아이를 기를 위험이 있다. 가정에서부터 시작하는 독서교육인 책육아를 지향해오면서 나는 몸, 마음, 정신 모두 건강한 아이를 기르고 싶었다. 그래서 아이에게 책을 읽어주었고 정서적 교감을 놓치지 않으려고 애를 썼다.

그림책을 읽어주며 나는 아이들과 함께 동반 성장하게 되었다. 아이는 엄마가 주는 풍부한 언어 환경 속에서 자유롭게 놀이하며 상상력과 이해력을 키워 나갔다. 다양한 언어를 쓰면서 아이의 감수성이 풍부해졌고, 감수성이 풍부하니 타인의 감정을 아프게 하는 일도 적었다. 그림책 속 따스한 서정적인 그림은 아이와 나의 미적 안목을 자라게 해주는 원동력이었다. 그림을 적절하게 묘사하는 문장을 하나씩 읽을 때마다 나의 뇌가 말랑말랑해지는 듯한 상상을 불러일으켰다. 봄바람에 일렁이는 아지랑이처럼 부드럽고 온유해지는 내 감성이 여러 글을 쓰게 했고, 내가 간헐적이나마 썼던 시를 좋아해 주는 사람들을 보며 나 역시 뿌듯했다.

그분들께 감사한 마음으로 함께 책을 읽고 성장하고자 2022년 '낭독은 금이다' 온라인 독서모임을 시작했다. 3월에 시작했던 첫 책은 엘리자베스 퀴블러로스의 '인생수업'이었다. 내가 사랑임을 깨달아가는 여정을 테마로 내면치유 독서여행을 시작했다. 주 1회씩 4회 참가에 2만 원을 받았던 모임으로 다양한 연령층의 사람들과 함께 했다.

'인생수업'은 내 인생 책 중의 하나로, 죽음을 앞둔 사람들의 상실과 애도에 관한 실제 사례를 바탕으로 쓴 책이다. 독서모임은 내 안에 남아있던 상실감을 안아주고 떠나보낼 수 있는 과정이었다.

그렇게 시작했던 '낭독은 금이다'는 매주 금요일 새벽 아침을 열어주는 자명종이 되었다. 2021년 10월에 출간한 나의 첫 공저 책 '쬬가 있는 사람들의 결단'으로 4월 한 달 진행했고, 모건 하우절의 '돈의 심리학'으로 5월, 톰 콜리의 '인생을 바꾸는 부자 습관'으로 6월, 켈리 최 회장님의 '웰씽킹'으로 7월, 미즈노 남보

쿠의 '절제의 성공학'으로 8월, 루이스 헤이의 '있는 그대로의 나를 사랑하라 - 치유'로 9월, 오그 만디노의 '위대한 상인의 비밀'로 10월, 루이스 헤이의 '치유수업'으로 11월, 이정일 작가님의 '운, 준비하는 미래' 책으로 12월에 진행했다.

그렇게 2022년 매주 금요일 새벽마다 독서모임을 운영하며 금요일이 낭독으로 인해 금이 되는 과정을 경험했었다. 새벽 동이 트는 귀한 시간에 낭독으로 뇌를 깨우고 좋은 문장을 가슴에 품은 채 하루를 시작하니 에너지가 좋았다. 열 달간 교류했던 멤버님들께서 12월에 했던 나의 첫 개인 저서 출간기념회에 참석해 주셨다. 그때의 감사함과 감동이란! 무엇으로도 표현이 어려웠다.

매주 금요일 새벽 독서모임을 이끌기 위해서는 새벽 4시에 기상해야 했었다. 낭독을 하기 위해서는 목소리가 제대로 나와야 했고, 샤워를 하면서 온몸의 세포를 깨우는 워밍업이 필요했기에 4시 기상이 필수였다. 아이들에게 책을 읽어주다가 목에서 피가 났던 이력이 있었던지라 성대를 보호하기 위해서 눈뜨자마자 500mL 물을 먹어 성대를 촉촉하게 해주는 과정이 필수였다. 보이스 코칭을 받았을 때 코치님께 들은 내용을 실천하기 위해 노력했었다.

독서모임은 기본적으로 목적성, 자율성, 정기성, 지속성이 있어야 한다. 이 내용을 2022년 그 당시에는 몰랐지만 나는 그냥 시작했었다. 도전과 실패는 성장에서 꼭 필요한 요소인데, 실패에 대한 두려움 때문에 도전을 꺼려왔던 습을 끊기 위해 일단 시작했다. 실패하더라도 도전이라도 해보자고 마음먹었을 때 주변 지인분들이 참가자로 함께해 주셨다.

'나로부터 비롯되는 사랑'의 줄임말인 사랑나비를 브랜딩하기 위해 사랑나비 독서모임을 꾸렸는데, 나를 지지해 주는 분들이 함께해 주신 덕분에 지금까지 이어올 수 있었다.

사랑나비 독서모임은 책을 통한 성장과 치유가 목적이다. 마음이 자라는 것이 성장이다. 의식을 고양하고, 나의 성장과 발전의 발목을 잡는 요인을 캐치해서 털어버리기 위한 근원을 찾아가는 것이 내면 치유이다. 그것을 하기 위해 나는 24살부터 상담을 받았고, 심리상담학을 전공하기도 했었다. 또한 엄마가 되어서는 육아를 통한 심리 성장이라는 분야에 관한 연구를 지속해왔다. 아이를 기르며 엄마 안에 웅크려있던 상처받은 내면 아이를 자각하고 치유할 때마다 나는 부쩍 성장하게 되었다. 이전의 나라면 엄두도 낼 수 없었던 역할과 일에 도전하고 성취하며 역량을 개발해 나갈 수 있었던 것은 내면 치유의 힘이었다.

내면을 치유하면 내면의 힘이 강해진다. 내면의 힘이 강한 사람이 큰일을 해낼 수 있다고 믿는다. 해서 나의 아이들도 상처 주지 않고 키우려는 이유가 내면의 힘이 강한 사람으로 자라기를 바라서이다.

누가 시키지 않아도 매주 금요일마다 새벽 기상을 하며 자유롭게 진행했던 '낭독은 금이다'는 매주 금요일 새벽 시간을 지속해서 지키며 운영해왔다.

독서모임의 필수 4요소 중 첫 번째인 회원은 낭독과 새벽 기상을 습관화하고 싶은 욕구를 가진 사람들이었고, 리더는 내가 도맡았다. 콘텐츠는 심리 성장을 통한 무의식 치유와 풍요에 관한 책이 주제인 것으로 선별했다. 책의 내용을 읽고 나의 심리 치유와 건강 회복에 대한 경험을 나누는 게 핵심 콘텐츠였다.

4요소의 마지막인 공간은 온라인 즉, 줌으로 모이는 것이었는데, 마지막 12월에 나의 출간기념회에서 첫 오프모임을 가지게 되었다. 개인 저서 출간과 출간기념회 소식을 알리자 현수막 부착부터 도움을 주시겠다고 일찍 와주신다는 말씀을 하실 때 눈물이 핑 돌았다. 줌으로 열 달간 마주했던 분들과 보자마자 반가운 마음에 포옹하고 함께해 주심에 대한 감사함을 전했다.

2022년 일 년간 '낭독은 금이다' 독서모임을 새벽마다 진행하고, 개인 저서를 쓰고 출간했다. 아이들을 기르며 일과 대학원 수업까지 병행하며 해왔던 일이라 나에게는 귀한 경험이다. 2022년 11월에 출간했던 '0~7세 발달 심리에 따른 책육아 실전수업'을 바탕으로 2023년 1년간 '책육아 실전수업' 독서모임을 진행했다. 워크숍 형식의 독서모임으로 온 오프라인을 병행하며 진행했다. 포스트 코로나 시대로 접어들며 오프모임이 가능해지자 예쁜 카페에서 음식을 먹으며 오프모임을 진행하니 뿌듯하고 행복했었다.

독서교육을 주제로 책을 쓰고 나니 동네 작은도서관 관장님이신 목사님께서 독서지도 선생님 일을 함께 해보자고 제안을 주셨다. 감사하게도 그 기회를 계기로 자원봉사자로 도서관에서 초등학생들과 독서동아리를 14개월간 진행했다.

아이들이 '웃음가득 독서동아리'라고 네이밍을 하자고 했고, 초등반 수업을 진행해보니 매시간 웃음이 끊이질 않았다. 책으로 인한 인연은 이렇게 좋은 일을 불러왔다.

2023년 대학원을 다니며 사랑나비 독서모임을 운영했고, 석사과정을 마무리하며 동기님들과 독서 경험담을 담은 공저 책을 집필했다. '책육아 실전 수업'을 운영하느라 일 년간 중지했던 '낭독은 금이다'를 부활시켰다. 2023년 12월부터 '데이비드 호킨스의 365일 명상'을 시작으로 2024년은 호킨스 박사님의 의식성장서를 밀도 있게 읽어 나가려고 한다. 함께 하실 분들과의 시간이 기대되고 설레는 마음이다.

엄마, 이 꽃은 이름이 뭐야

　　한국 전쟁이 발발했을 때 먹을 것이 너무 귀해서 나무 껍질까지 벗겨 먹었다고 외할머니께서 말씀하셨다. 나의 엄마의 엄마는 자신의 딸이 어릴 때 먹을 것 제대로 챙겨주지 못한 미안함에 늘 가슴 아파하셨다. 외할머니는 딸의 딸인 나를 볼 때마다 마치 자신의 딸의 어릴 적이 떠올랐는지 눈빛이 촉촉해지셨다. 나무껍질까지 벗겨 먹을 정도이니 지천에 나던 풀을 뜯어 먹던 것은 일상이었다고 했다. 그래서인지 어르신들은 먹어도 되는 풀과 먹어선 안 되는 독풀을 잘 분별하신다. 그런데 요즘 아이들은 먹을 것이 너무 풍족하니 길가에 핀 풀에 눈길 한 번 주지 않고 서둘러 갈 길을 재촉한다.

　　먹는 것을 잘못 뽑아 먹다가 독성에 의해 목숨을 잃을 수 있으니 사물을 세세히 보는 것이 곧 생존이던 세대들은 자연에서 분별력을 키우셨다.

산업화 일꾼의 자녀인 밀레니얼 세대들은 먹을 것이 풍족해지면서 책을 통해 분별력을 키워 나가게 되었다. 나 역시 밀레니얼 세대인데 어릴 때는 백과사전보다는 자연에서 맘껏 뛰어놀면서 자연을 배경 삼아 배웠다. 책에 대해 강요를 하시지 않은 부모님의 영향인지 나는 자라면서 책을 읽을 때 거부감이 그리 크지는 않았다.

책이 모든 교육의 기초라는 것을 육아서를 읽으며 배웠기에 아이에게 책을 열심히 읽어주었다. 학창 시절 외워서 공부하던 내용이 머릿속에서 잊힌 지 오래되었을 때 그림책과 어린이 지식 그림책을 읽으며 기억을 상기시키니, 장기기억에 오래 저장되는 느낌이었다.

아이는 어릴 때 반복해서 책을 읽어달라고 자꾸 요청했다. 한 권의 책을 반복해서 읽어주다 보면 자연스레 그 내용을 엄마인 내가 외우게 된다. 그리고 그림과 글을 함께 보다 보니 그림을 세세히 보는 관찰력이 자란 것은 덤이었다. 책을 읽어주는 활동은 결국 내가 나를 키우는 일이 된 것이다.

책육아를 실행했던 분 중에 재혁시훈파라는 아빠가 계셨다. '하루 나이 독서' 외 다수의 육아서를 쓰신 이상화 작가님은 두 아들을 책육아로 키우셨고, 사교육 없이 대원국제중학교와 고려대학교까지 아들이 진학할 수 있도록 자녀교육에 열혈인 아버님이셨다. 결핍이 그 모든 것의 자산이라는 것을 이분의 사례를 보면서 많이 깨닫게 되었는데, 아이에게 먹일 분유가 없어서 결혼반지를 팔아가면서까지 생계를 이어나가신 가정이다.

아이에게 책을 사줄 돈이 부족해서 대전에 있는 도서관 근처의 집으로 1년에 1회 이사를 다니셨고, 그 도서관의 책을 아이가 맘껏 읽을 수 있도록 배려해 주신 거였다. 그런 다독을 향한 열정과 아이의 독서에 대한 열의는 곧 부모가 준 환경에 의해 꽃피운 것이라고 해도 무방하다. 그분의 책육아 실행기는 내 마음에 희망으로 자리했다.

나의 첫 신혼집이 도서관 바로 옆에 있던 아파트였기에 감사하게도 도서관과 집을 자주 오가며 책육아를 하게 되었다. 아이의 소유욕이 채워져야 하는 36개월 미만일 시기에는 되도록 책을 사서 주는 것이 좋다. 나의 경우 도서관에서 대여했던 책을 아이가 더 반복해서 보고 싶어 할 때 온라인 서점에서 주문해서 아이의 소유욕을 채워주었다. 적어도 아이만큼은 잘 키우고 싶어서 도서관에 자주 갔다. 도서관의 부모 교육서 서가에 일렬로 정렬해 있던 책이 창문을 통해 들어오는 빛으로 햇빛샤워를 하던 모습이 지금도 눈에 선하다.

빛바랜 책의 제목들이 중앙도서관의 오래된 역사를 증명해 주는 듯했고, 그 책을 읽어 나간 부모님들의 자녀들은 어떤 삶을 살고 있는지 나의 호기심을 자극했다. 그래서 그들을 추적 관찰하듯이 나는 육아서를 읽어 나갔다. 논문을 쓰기 위해서는 주제와 관련된 논문을 여러 편 읽고 자신만의 논문을 집필하듯이, 나는 그 당시 책을 쓰고 싶다는 목표의식이 없었음에도 수많은 육아서와 심리서를 읽어 나갔다. 왜냐하면 책을 읽으면 읽을수록 NEXT와 HOW TO에 대한 내용이 궁금해서 잠이 오질 않았기 때문이다. 그것은 나의 내면에서 올라오는 'Why?'라고 하는 근원에 대한 질문이 꼬리에 꼬리를 물었기 때문이었다.

'2015년에 육아서를 낸 분께 3년 후에는 어떤 일이 생길까? 이 작가님은 어떤 동력으로 이렇게 열심히 아이를 키우셨을까? 뭐 때문에 여러 번 이사를 다니면서까지 아이에게 다독을 시키려고 하셨을까? 그냥 남들처럼 빚내서라도 사교육을 시킬 수도 있을 텐데 이 분은 왜 책을 열심히 읽히신 걸까?'

이렇듯 나는 '왜? 이유가 뭘까?'의 궁금증을 채우며 육아서를 읽게 되었고, 그것은 결국 다독으로 이어졌다.

아기가 한 살일 때는 엄마 나이도 한 살이라고 여기며 10권을 반복 독서했고, 아기가 2살일 때는 내 나이(31)만큼 권수를 정해서 읽었다. 아이가 3살이 되었을 때는 1년 50권 독서를 목표로 책을 읽었고, 그 후로는 1년 100권 읽기를 목표로 책을 읽었다. 과도한 목표 설정은 좌절감을 겪게 하지만, 내가 할 수 있겠다 싶은 목표는 동기부여가 되기도 한다. 현재의 내가 할 수 있는 목표치를 설정하고 매월, 매주, 매일의 최소단위를 설정해 놓으면 목표를 이룰 수 있는 빈도가 높아진다. 자연히 성취감을 느끼는 횟수가 늘게 되는데 그럴수록 내가 나를 좋아하는 느낌에 더 가까워지게 되었다.

"엄마 이 꽃은 이름이 뭐야?"

이제 갓 두 돌을 지난 딸이 도서관에서 집으로 가는 길에 나에게 물었다. 시멘트나 콘크리트 사이로 늘 피어 있던 이 꽃을 무심히 지나쳤었는데, 딸의 호기심은 나에게로 전이되어 백과사전과 식물도감을 펼쳐보게 했다. 그런데 아무리 찾아도 아까 딸이 물어본 꽃이랑 똑같이 생긴 꽃이 없는 것이었다. 흔할수록 더 책에 수록되어야 하는 것이 아닌가? 집에 백과사전이 5질, 도감류도 여러 종류가 있었음에도 이 꽃이 없는 것을 알게 되자 나는 도서관의 백과사전을 뒤지게 되었다. 집 근처 도서관에서도 못 찾게 되자 집요함이 고개를 들어 옆 동네 도서관까지 찾아갔다. 그리고 알게 되었다. 이 꽃은 이른 봄 땅에서 채취가 안 되면 늦은 봄이 되어 피어나는 냉이꽃이라는 것을…….

냉이와 쑥을 캐며 봄맞이를 했던 내가 냉이가 자라 냉이꽃을 피운다는 것은 몰랐다는 것에 1차로 놀랐고, 30년이 지나도록 지천에 핀 냉이꽃을 보고도 무심결에 지나치며 살았다는 것에 2차로 놀랐다. 또한 그런 내가 낳은 내 아이가 호기심으로 던진 질문에 어떻게든 답을 찾기 위해 백과사전을 다 뒤지며 다독을 하는 내 모습에 3차로 놀랐고, 과제집착력으로 끝내 답을 찾아낸 내 모습에 놀랐다.

육아서를 읽지 않았다면 아이의 호기심을 치부하며 '뭘 시시한 질문을 던지냐.'라고 뭉개 버렸을지도 모른다. "이건 뭐야?", "이 꽃은 왜 잎이 하트 모양일까?"의 순수한 호기심에서 우러나오는 아이의 질문이 결국 나의 다독의 원동력이 되었다. 순수한 아이의 질문 덕분에 "내가 알고 있는 유일한 사실은 아무것도 모른다는 사실이다."라고 한 소크라테스의 말씀이 무슨 의미인지 느끼게 된 계기가 되었다.

입이 쓰기에 글을 썼다

　　복직 러브콜을 마다하고 육아를 선택했다. 첫아이가 13개월이 됐을 때 다시 일할 수 있는 기회가 생겼는데도 불구하고 고사한 채 아이를 기르고자 마음을 다잡았다. 당시에 어린이집 학대 사건 사고가 하루가 멀다고 뉴스에 연이어 올라왔기 때문이기도 하고, 결혼 전 무의식에 관해 공부했던 영향이 컸기 때문이다.

　　출생 후 36개월까지의 중요성을 너무 가슴 깊이 새겼던지라 언어표현이 숙달되지 않은 어린아이를 어린이집에 맡길 수 없다는 단호함이 있었다. 아이의 무의식에 세상은 안전한 곳이라는 신뢰감과 사랑을 듬뿍 남겨주고 싶었다. 내가 할 수 있는 최선을 다하고자 돈을 버는 것은 차후의 문제로 남겨둔 채 육아에 전념하며 둘째 아이까지 낳고 책육아를 묵묵히 하며 지냈었다.

그런데 아이들이 자랄수록 경제적으로 뒷받침해 주어야 할 시기가 도래했다는 것이 간담을 서늘하게 해왔다.

결혼 전의 경력으로 다시 재취업을 하려면 All-Day 근무 자리를 알아봐야 하는데, 아직 아이들은 엄마의 손이 많이 가는 나이라 파트타임이나 프리랜서, 혹은 영업사원 자리밖에 시간이 여의치 않았다. 그래서 내가 할 수 있는 일과 잘하는 일에 대해 깊이 생각을 해보았다.

"일기장에 말이야~ 서운하다 어쩐다 이런 글이나 쓰고!"

초등 5학년 때 담임선생님이 반 친구들이 다 있는 교실에서 나의 일기장을 들춘 채 면박을 주셨다. 얼굴이 화끈거려 참기 힘들었다. 혼자서 보는 일기장이니 거기다 쓴 것인데, 불현듯 일기장 검사를 한다고 해서 1차로 놀랐고, 공공연히 무안을 주시니 2차로 놀랐다. 나의 힘든 감정을 일기장에 쓴 것을 가지고 담임선생님은 초등 5학년 아이에게 마음이 옹졸하다는 식의 평가를 내리며 수치심을 겪게 만들었다. 그날 이후 나는 더 이상 글을 쓰지 않았다. 입 밖으로 말을 하는 시간도 줄어들었다. 집과 학교, 어디에서도 나의 감정을 드러내고 하소연할 수 없게 되자 실어증 걸린 아이처럼 그렇게 말없이 지냈다.

엄마가 되어 글을 써도 블로그에 비공개로 글을 썼다. 입 밖으로 뱉는 말이 상대방을 아프게 할까 봐 염려스러울 때는 목 아래로 삼켰다. 그래서였을까 입이 썼다. 입이 쓰기에 글을 쓰기 시작했다. 이루 말할 수 없이 케케묵은 감정의 말들이 글이 되어 차곡차곡 쌓였다.

그러던 어느 날 동네에 미술작가분이 8살 된 딸의 글을 보며 "사교육 시키지 말고 이 아이 글을 써보라고 해요. 아이가 벌써 자기만의 문체가 있네."라고 말씀하셨다. 그런데 3천 명의 제자를 거느린 공자도 자기 자식은 스승에게 맡겼다고 하지 않던가.

엄마표는 초등 이전의 아이들에게 적극적으로 접목하고 아이가 자라서는 다양한 배움의 통로를 열어주는 지혜가 필요하다. 왜냐하면 아이도 성장하며 에고가 생기기 때문이고, 배려받은 만큼 아이는 자신의 내면의 힘으로 자기 주도적인 활동에 몰입하므로 엄마의 강요는 아이에게 독이 되기 때문이다. 따라서 영유아 시기에 엄마의 품에서 따뜻한 책 읽기의 맛을 알게 하고, 아이가 초등기에 가서는 아이의 재능을 찾아 그에 맞는 배움의 통로를 적극적으로 연결해 주는 브릿지 역할이 필요하다.

거주지가 파주이다 보니 동네에 이슬아 작가님이 살고 있다는 정보를 들었다. 그분이 초등반 아이들 글쓰기 수업을 지도하신다고 하여 코로나가 잠잠해지기만 기다렸는데, 아무리 기다려도 소식이 없었다. 그래서 내가 글 작가가 되기로 마음먹었다. 왜냐하면 아이의 글이 읽고 싶어서 자꾸만 글쓰기를 강요했더니 아이가 그다음부터 글 쓰는 것을 놓아버렸기 때문이었다. 내가 책을 쓰고, 내가 아이들을 지도하다 보면 내 아이도 그런 나의 뒷모습을 보며 자기만의 글을 다시 쓰지 않을까?! 하는 희망을 품은 것이었다.

육아를 잘하고 싶어서 아등바등했는데, 잘하고 싶은 만큼의 에너지로 아이에게 강요하는 실수를 해버린 거였다. 뼈아팠다. 한참을 운 뒤 뼛속까지 내려가 나의 과정을 글에 담기 시작했다. 글을 쓰면서도 치유의 시간을 보낼 수 있었다.

처음 온라인 강연을 한 날 나의 강연을 듣고 어느 분께서 함께 공저를 써보자고 제안을 해주셨다. 고민 끝에 공저에 참여하게 되었는데, 그 당시 출판사 대표님께서 하신 말씀이 뇌리에 박혀 있다.

"작가는 삶과 글이 같아야 해요."

진실하게 정말 뼛속까지 내려가서 써야 한다는 느낌이 왔다. 첫 공저에는 결혼 전의 나의 삶에 관해 썼다. 어떻게 써야겠다고 생각하고 출판 단지에 홀로 갔던 날 4시간 만에 초고를 완성했었다. 그 글을 오·탈자만 검열해서 책으로 엮었는데, 감사하게도 일필휘지로 썼다는 칭찬의 말씀을 들을 수 있었다. 첫 공저 책이라 큰 홍보 효과는 없었지만, 그래도 글을 쓴다는 것이 어떤 것인지 감을 익히는 데 도움이 되었다.

이후 개인 저서에 대한 로망으로 책육아에 대한 과정을 담고 싶었기에, 개인 저서 출간을 목표로 책 쓰기에 대한 책을 읽고, 강연을 통해 공부했다. 책 쓰기 수업을 듣고, 기획하기 위해 혼자서 한동안 연구를 했다. 기획 목차를 다 잡았을 때 설 연휴 나흘 동안 초고를 완성했다. 총 46꼭지와 에필로그, 프롤로그까지 48편의 글을 썼는데, 2꼭지는 통으로 드러내게 되었다.

설 연휴 첫째 날에 14시간, 둘째 날에 13시간, 셋째 날에 12시간, 넷째 날에 11시간을 쓰면서 초고 분량을 확보했다. 밥 먹고 화장실 가는 시간 빼고 책상에 앉아 꼬박 글을 썼다. 그러고 났더니 머리가 텅~ 비는 느낌이 들었다. 뭐랄까 태교부터 10년간 뇌가 물고 있던 것을 왈칵 토해낸 듯한 개운한 느낌이었다.

개인 저서를 쓰면서 다짐했던 것은 1년에 책 한 권을 출간하는 것을 목표로 하자였는데, 대학원 수업을 들으며 육아와 일, 워크숍 수업을 병행했기에 책 쓰기가 미루어지고만 있었다. 그러던 와중에 대학원 교수님께서 공저 제안을 주셨고, 예전부터 책 쓰기에 대한 욕구를 표현하셨던 몇몇 동기님들이 있었기에, 의기투합하여 이렇게 공저 책을 쓰게 되었다.

코로나의 수혜로 4학기를 3학기 만에 졸업할 수 있어서 감사했지만, 논문 없이 졸업하는 것이 아쉽기도 했는데 공저 책에 각자의 독서를 통한 성장을 담을 수 있어서 한없이 기쁜 마음이다.

예전에 '타이탄의 도구들'을 읽으며 밑줄 친 부분을 A4용지에 정리해서 책상에 붙여 놓은 것이 있다. 그 용지에 '아이디어를 기꺼이 공유하기, 말과 글이 일치하는 강사 되기, 육아 이후의 삶-11년 후 세계적인 여행작가 장선영 베거본더의 삶을 누리다'라고 적은 문구가 있었다. 공저 책을 출간하고자 마음을 모았을 때, 독서방법에 대한 경험담을 목차로 잡는 아이디어를 기꺼이 공유했었다.

　책육아 시절 아픈 몸을 이끌고 아이를 잘 키우고자 하는 일념으로 엄마 독서를 열심히 했었다. 그 과정을 강연으로 전할 때 제목을 '생존 독서법'이라고 정했었다. 생존하기 위해서 자연치유서를 탐독하고 일상에 적용해서 실천했었기에 나에게는 독서가 생존의 필수 요소였었다. 아이 둘을 놔두고 죽을 수는 없었기에 치열하게 읽고 내 몸에 쌓여 있는 독소를 내보내는 방법들을 실천할 수밖에 없었다. 살고 싶었다. 간절히 건강하게 살고 싶었다. 아이들의 두 눈을 마주 보며 아이들에게 남은 사랑을 다 주고 떠날 수만 있다면 감사하겠다는 마음으로 밤마다 두 손 모아 기도했었다. 잠든 두 아이를 두고 성당이나 교회, 절에도 갈 수 없으니 내 마음이 예배당이라고 생각하며 늘 기도했었다. 그 기도가 말과 글이 되어 삶에 녹아들었고, 감사하게도 건강을 되찾고 지금까지 살 수 있었다. 나는 지금도 기도한다. '나에게 일어난 일이 어쩔 수 없는 일이라면 내가 이겨낼 힘을 주세요.'라고…….

　왕관은 왕관의 무게를 견딜 수 있는 자에게 씌워진다고 하지 않던가. 어떤 일이든 신의 가르침을 전하는 통로가 될 수 있다면 내가 겪고 견뎌내겠노라고 기도하고 다짐하는 일상을 보내고 있다.

　아픔을 겪는 그 누구라도 삶에서 희망을 발견하고 싶을 때 그들의 손에 나의 책이 쥐어진다면 나의 소명은 이루어진 것이라 여겨도 되겠지. 별이 바람에 스치는 것처럼 내 마음에도 시린 바람이 스밀 때마다 가슴을 열어 누군가를 끌어안는 마음으로 글을 썼다. 아픈 이의 가슴에 가닿고 싶었다. 그렇게 글을 쓰다 보니 썼던 나의 입이 달아졌다. 타오르던 가슴이 평온해졌다.

　가슴속에 꽁꽁 얼어있던 내면 아이의 빙산 조각이 녹아 현실의 내 눈을 통해 흘러내렸다. 글을 쓰기 위해 분주하게 마음을 뒤적였던 과정이 빙산 조각을 녹인듯하다. 눈물은 축복이다. 무의식에 있었던 얼음이 흘러나온 것이기에.

　얼음을 녹여낸 나의 가슴에 누군가의 아픈 마음을 담아 그 사람을 위해 기도할 수 있다면 좋겠다. 그리해서 아픈 이의 상처가 바람결에 홀연히 날아갈 수 있다면 아마 그것은 신이 나에게 준 축복의 선물일 것이다. 올겨울은 또 얼마나 추울까? 시린 가슴의 온도만큼 겨울이 시린 사람들을 위해 오늘도 나는 기도한다.

정혜원

현) 육군 중령. 2002년 부관병과 소위로 임관하여 22년간 군 복무 중임.
군 인사관리 및 운영, 인사행정 분야 담당.

어린 시절 추억을 따라, book 따라

　　어린 시절을 생각하면 소중한 추억 하나가 떠오른다. 어린 시절, 매주 토요일이면 엄마 손을 잡고 경기도에 있는 시골 외할머니 집에 갔었다. 시외버스를 타고 시골로 향하는 길은 언제나 흥미로운 여행이었다. 서울 아파트 단지에 살면서 평상시 보지 못한 푸른 산과 숲, 시냇물과 풀벌레 가득한 자연 풍경은 엄마와 나의 시골 여행길에 늘 함께였다. 엄마와 함께하는 여행길은 호기심 많고 배우길 좋아하는 나에게 언제나 새롭고 행복한 순간이었다.

　　외할머니 집에는 막내 외삼촌과 외숙모, 그리고 갓 태어난 아기가 있어서, 따뜻한 가족의 향기가 항상 가득했고 오빠만 둘 있는 나에게 어린 여동생이 생겼다는 사실은 묘한 설렘을 선사하는 장소였다. 묘한 설렘도 잠시, 어린 동생이 있는 것보다 즐거웠던 사실은 당시 가장 유행했던 디즈니 동화책들이 나를 기다리고 있는 것이었다. 외삼촌과 외숙모가 지내는 방 책장에 바로 그 동화책 전집이 빼곡하게 꽂혀 있었다. 우리 집에는 6살, 4살 차이 나는 오빠들만 있어서 어린 내가 읽을 만한 동화책이 없었다. 가정 형편이 넉넉하지 못해서 부모님은 내가 읽을 만한 책을 따로 사 주실 여력이 없었다. 외할머니 집에서 보는 '신데렐라', '백설 공주', '미운 오리 새끼' 등 만화가 삽입된 동화책은 보고 또 봐도 정말 재미있었고 당시 어린 나는 이 동화책들을 보며 책에 재미를 붙이게 되었고 책을 향해 무한한 열망을 갖게 되었다. 갓 태어난 아기 머리맡에서 열심히 동화책을 읽어 주던 것도 어린 시절 즐거운 놀이였다. 외삼촌 댁 동화책은 사촌 동생보다 내가 훨씬 더 많이 읽었을 것 같다. 주말마다 멀고 불편한 길을 불평 한마디 없이 엄마 손을 잡고 갔던 이유였다.

초등학교 시절에는 오빠들의 영향을 받아 만화책을 많이 보게 되었다. '챔프'라는 만화책은 시리즈 만화를 볼 수 있는 월간지였고, 초등학생이나 중학생에게 가장 인기 있는 만화책 중 하나였다. 이 책을 보기 위해서는 매주 책을 빌려주는 이동식 도서 대여점을 방문해 책을 빌려야 했다. 당시에는 초등학생이 다닐 수 있는 근처 도서관이나 서점이 많지 않았고, 지금처럼 이동 수단이 잘 발달하지 않아서 찾아갈 수도 없었다. 또한 만화책이나 소설책을 사서 읽는 것이 굉장히 부담되던 시절이었다. 요즘은 생소하겠지만 1990년대에는 서울 아파트 단지를 정기적으로 방문하는 이동식 도서관이 있었다. 봉고차에 다양한 도서를 싣고 다니며 정해진 요일마다 일정한 장소에 와서 책을 빌려주었다. 당시 초등학생이던 나에게는 이동도서관이 유일하게 만화책이나 소설책을 빌려볼 수 있는 곳이었고, 이곳에서 만난 책들은 나를 책과 가까워지도록 이끌어 주었다. 특히 겨울 방학이나 여름 방학 때, 이 도서 대여점에서 책을 한 무더기 빌려 와 방에 쌓아 두는 재미는 이루 말할 수 없이 특별했다. 어느덧 방 안에는 다양한 이야기들이 펼쳐져 있었다. 그 속에서 내가 읽고 싶은 책을 고르는 것은 마치 나만의 작은 서점에서 책을 고르는 듯했다. 또한 책을 한 권 한 권 읽어가며, 빌려 온 책을 모두 다 읽었을 때의 즐거움과 쾌감 그리고 성취감을 잊을 수 없다. 그 시절 도서 대여점은 나만의 독서 공간을 제공해 주고 긴 겨울 방학을 따뜻하게 채워 준 소중한 추억이었다.

중고등학교 시절, 책이라는 세계에서 조금 떨어져 있게 되었지만, 수업 시간에 만난 문학의 보물들, '운수 좋은 날'이나 '메밀꽃 필 무렵' 같은 단편소설을 통해 글의 매력을 다시 느낄 수 있었다. 선생님의 설명과 시험 대비로 읽어야 했지만, 따로 단편집을 찾아 읽으며 그 내용에 심취하고 더 깊은 감동을 느꼈다.

그때부터 단편 작품을 찾아 읽기 시작했고 점차 문학의 세계로 빠져들며 소설을 통해 감동과 기쁨, 슬픔을 알게 되었다.

무엇보다 이 시기에 단편집 중에서 가장 많은 감동을 주었던 작품은 리처드 바크의 '갈매기의 꿈'이었다. 중학생 소녀에게 감동을 준 소설의 주인공은 갈매기인 조나단 리빙스턴이었다. 일반적으로 갈매기들은 먹이를 구하기 위해 하늘을 날지만, 조나단 리빙스턴은 다른 갈매기들과는 달리 비행 자체를 사랑하며 자유롭고 멋진 비행을 꿈꾸며 연습을 계속한다. 자신이 맞닥뜨린 한계에 고통을 받기도 하지만 결국 그 한계를 넘어선다. 조나단이 자신의 비행을 완성한 후 "가장 높이 나는 새가 가장 멀리 본다."라는 말처럼 성취에 대한 감동도 있지만 그 과정에서 감동과 진정성을 느낄 수 있었다. 이 책은 정말 여러 번 본 것 같다. 조나단의 도전정신과 자아실현에 감정이입이 되면서 누구보다 열정적인 내 모습을 상상하곤 했었다.

이런 단편 작품들은 나에게 감성의 문을 열어 주었고, 학교 수업에서 배웠던 것보다 더 깊이 빠져들게 했다. 혼자 조용히 읽을 때면 가슴이 뭉클하며 눈물이 나기도 했다. 그 감정의 충격은 단순한 이야기 속에 깃든 깊은 의미에 빠져들게 했다. 청소년 시기 문학은 나에게 삶의 다양한 측면을 보여 주며, 감성을 자극하고, 마치 내 안의 작은 세계를 넓혀 주는 열쇠 같았다. 그 열쇠를 통해 혼자만의 여정에서 감동을 찾아 나가기도 하지만, 무엇보다 초중고등학교 시절 독서가 준 가장 큰 힘은 다양한 종류의 도서들을 통해 책에 대한 배움의 즐거움을 알게 되었다는 점이다.

언제부터 책을 좋아하고 즐겼을까? 곰곰이 생각해 보니, 초등학교 시절 처음으로 만화책을 빌려온 날 4살 차이 나는 작은 오빠와 1편과 2편을 나눠 봐야 했는데, 먼저 1편을 보겠다고 내가 떼를 쓰니 오빠는 그러라고 하며, "네가 다 보고 줘, 나는 만화책도 한 글자 한 글자 꼼꼼히 봐서 속도가 좀 느려, 그러니까 너 먼저 다 보고 내가 볼게."라고 하였다.

당시 만화책을 글밥 하나하나 꼼꼼하고 세밀하게 본다는 오빠 말이 대충 훑어보는 나에게 큰 충격을 주었다. '아, 만화책이라도 제대로 이해하려면 세밀하고 꼼꼼하게 이해하면서 읽는 것이 필요하겠구나. 그렇지, 똑같은 시간 동안 책을 읽는데 대충 읽어서 기억도 안 나고, 의미도 제대로 파악하지 못하면 시간 낭비겠지!'라고 생각하게 되었다. 예전과 달리 나 또한 책을 읽는 시간이 조금 느려졌다. 천천히 읽으면서 읽는 글 속에서 한 줄의 의미를 정확히 이해하려고 했다. 두 줄, 세 줄, 한 단락의 내용을 정확히 이해하려다 보니 첫 번째 장이 재미있고 두 번째 장, 세 번째 장이 재미있고 그 책이 재미있어졌다.

당시 작은 오빠의 조언을 통해 책을 탐독하는 습관을 키우게 된 것 같다. 만화책이라도 세밀하고 꼼꼼하게 읽는 것이 중요하다는 깨달음을 얻었고, 이로써 읽는 과정에서 속도보다는 의미를 중시하며, 글 하나하나를 세밀하게 이해하고자 했다. 단순히 빨리 읽어서 책장만 넘기는 것이 아니라, 읽은 내용을 정확하게 이해하고 소화하는 습관을 갖게 되었다.

어린 시절의 이 경험이 책에 대한 호기심을 자극하며, 책을 더 즐기고 이해하려는 자세를 길러주었음이 틀림없다. 책에 대한 호기심과 관심에서 비롯되었던 어린 시절 탐독은 단순히 책을 소비하는 게 아니라, 내용을 깊게 파악하고 생각하는 데에 큰 역할을 했고, 책을 통해 지식 습득과 즐거움을 채워 주고 나의 인생길에 많은 도움이 되고 있다.

책을 싫어하거나, 책을 어려워하는 분들에게 가볍고, 다가가기 쉬운 책부터 시작해서 책의 재미를 알게 되면서 탐독하게 되고, 독서가 갖는 재미에 빠지고 다시금 또 다른 책을 찾게 될 것이라 생각한다. 책의 한 줄, 한 장이라도 천천히 조바심내지 않고 그 글을 이해하고 읽어간다면 책은 마치 새로운 친구와의 만남처럼 다양한 이야기와 경험을 담고 있고, 조급하게 한 번에 이해하지 않아도 천천히 나의 속도에 맞춰 자연스럽게 몰두할 수 있게 된다.

"책의 재미에 푹 빠져 보세요. 어린 시절의 재미난 추억을 떠올리며."

힘든 순간, 가장 필요한 건, 바로

　대한민국에서 살아가는 사람이라면 누구나 치열한 대학입시를 준비하게 되는데, 나 또한 예외는 아니었다. 지금은 중고등학교 한 반에 20~30명 내외이지만 내가 학교에 다닐 때만 해도 한 반에 50명은 기본이었다. 학교에 다니는 자체가 사람, 친구들과의 경쟁이었다.

　당시를 생각해 보면 우리 집은 부유하지도 않고, 내세울 것도 없었고, 나 스스로 생각했을 때도 외모, 공부 어느 것 하나 잘난 것이 없었다. 그래도 단 하나 남아 있는 자존심이 있었다면 그건 바로 공부를 잘하고 내가 원하는 직업을 갖고 남들과 비슷하게, 평범하게 살고 싶다는 생각과 반듯하게 살겠다는 다짐이었다. 그때는 평범하게 사는 것이 너무 어렵고 힘들게 느껴졌었다.

친구들은 모두 인근의 좋은 학원에 다니고 있었지만, 난 그런 형편이 못 되어서 오로지 학교 공부에만 의지할 수밖에 없었다. 선생님들에게 물어보고, 친구에게 물어보고, 혼자 문제집을 풀면서 이해될 때까지 읽고, 이해하고, 이 과정을 반복했다. 그 당시에는 네이버나 유튜브 같은 도구가 없을 때였으니, 오로지 자습서 풀이와 학교 선생님이 풀어 주신 답안, 그리고 내가 노트해 둔 풀이, 교육 방송에서 알려 주는 선생님 수업이 전부였다.

그때 나는 생각하고 또 생각했다. '아주 잘하고 있어. 누구의 도움도 없이 혼자서 하고 있는데 이 정도면 충분해. 아주 잘했어. 하지만 더 잘해 봐야지. 조금만 더 해 보자.'

열악한 환경에서 이를 꽉 물고 해내는 사람을 악바리라고 하던가? 어떤 친구는 나를 보며 그렇게 얘기했던 것 같다. 물론 그렇게 악바리처럼 한다고 해서 남들이 우러러보거나 부러워할 정도로 상위권은 아니었지만, 30여 년이 지난 지금, 그 시절 나 자신에게 부끄럽지 않은 나였다고 생각한다. 고등학교 1학년 때에는 고등학교 2학년처럼 공부했고, 고등학교 2학년 때에는 고등학교 3학년처럼 생활했다. 내가 고등학교 2학년이 끝나가는 겨울, 고등학교 3학년 수능이 있던 날 아침에 공부하기 위해 텅 빈 독서실에 들어가는데, 독서실 관리 오빠(그 당시 독서실에는 고시 준비하는 재수생이 아르바이트하며 독서실 관리를 하고 있었다.)가 나를 보고 깜짝 놀라며 말했다.

"너 왜 수능 보러 안 갔어?"

"저 고2인데요."

그분은 내가 마치 고등학생 3학년인 것처럼 공부하는 모습에 당연히 고3 수험생인 줄 알았다며 '희한한 아이네.'라는 눈빛으로 쳐다보며 말했다. 그런 눈빛이 왜인지 기분 나쁘기는커녕 오히려 나 스스로 뿌듯한 마음이 들었다. '내가 의도한 대로, 고3처럼 생활했구나. 열심히 했구나!' 결과에 상관없이 그 자체로 나 자신에게 어찌나 뿌듯한 마음이 들었는지, 30여 년이 지난 지금도 그때의 나를 생각하면 참 기특하고, 대견하다.

고등학교 때는 그 좋아하던 만화책도, 소설책도, 시집도 마음 놓고 읽기가 어려웠다. 왠지 죄를 짓는 느낌이 들었다. 수능 공부와 내신 공부를 해야 하는데 일탈을 한다는 생각이 들었다. 뭔가 뒤처지는 느낌도 들었다. 그때 우연히 독해 문제집을 추천받아서 풀게 되었는데 그 문제집을 풀면서 엄청난 만족감에 휩싸였다. 당시 유행하던 단계별 독해 문제집이었는데, 쉬운 단계부터 점점 어려운 단계까지 지문을 읽고 문제를 푸는 문제집이었다. 여전히 이 문제집이 서점에 나오는 것을 보고 어찌나 반가웠는지 모른다. 이 문제집에 나오는 지문은 정말 유용하고 좋은 글이 너무도 많았다. 지문을 해석하고 읽다 보면 수필, 역사,

소설, 인물, 자연, 동물 등 주제가 무척 다양하면서 새로운 지식과 정보들이 담겨 있었다. 반쪽짜리 지문부터 한 쪽짜리 긴 지문까지, 영어 독해 문제집을 푸는 과정이 굉장히 재미있었다.

지문을 읽다가 정말 감동적인 문구들을 발견하고는 밑줄을 긋고, 다른 노트에 써 보기도 하고, 잊어버리고 싶지 않은 내용은 인생 문구라고 저장해 두기도 했다.

그때 밑줄 친 문구들은 나만의 작은 보물이 되어 내 삶의 여정을 더 의미 있게 만들어 주고 있다. 때때로 내가 어려움에 부닥쳤을 때나 힘들 때 그 순간순간에 나에게 힘을 주며 삶의 방향을 찾게 도와주는 소중한 길잡이가 되어 주었다.

그 당시부터 지금까지 내가 가장 좋아하는 문구가 두 가지 있는데, 이 두 문구는 나에게 영감과 용기를 주어, 언제나 나를 행복하고, 진실한 사람으로 이끌어 주고 있다.

'현재 이 순간에 충실하라'라는 뜻인 "carpe diem"
'죽는다는 것을 기억하라'라는 뜻인 "memento mori"

이 순간을 소중하게 생각하고 즐겁게, 의미 있게, 가치 있게 보내야 한다는 의미였다.

좋아하던 독서를 마음껏 하지 못했던 당시 독해 문제집에서 발췌한 두 문장 덕에 하루하루를 더욱 의미 있게 보내는 방법,

내 주변 사람들과 행복해지려고 노력하는 방법, 내 삶에 보다 더 충실하기 위한 방법에 대해 항상 생각하고, 나 스스로를 다듬어 가기 위해 노력하게 되었다.

다들 힘들다고 생각하고, 우울해질 수 있는 여고 시절을 정말 행복하고 즐거운 마음으로 최선을 다할 수 있었고, 그 결과 아주 만족하지는 않지만 그래도 나 스스로 만족할 만한 결과를 얻었고, 대학이라는 곳에서 새로운 삶에 도전할 수 있는 또 다른 기회를 얻게 되었다.

아직도 책에 대한 필요성을 못 느끼는 분이라면 짧은 글, 책 목차 중 가장 끌리는 특정한 부분을 찾아서 읽어 보라고 얘기하고 싶다. 분명 책에서 끌리는 부분을 찾아서 읽다 보면, 나에게 맞는 그 한 줄을 찾을 수 있다.

책 목차 중에서 가장 끌리는 특정한 부분을 선택해 읽어 보는 것도 좋은 방법이다. 목차는 책의 주요 내용을 요약하고 있으므로 자신이 흥미를 느끼는 주제를 찾기 쉽다. 특정 부분을 읽다 보면, 그 안에 나만이 끌리는 특정한 부분이나 내면을 위로하는 한 줄을 찾게 될지도 모른다.

"정말 힘든 순간에 가장 필요한 건, 바로 나를 위로하는 한마디! memento mori"

한번 해 보자, 후회하지 않도록

새내기! 정말 듣기만 해도 파릇파릇한 느낌이 드는 단어이다. 새내기는 대학교 신입생을 일컫는 말이다. 요즘 대학생들이 새내기라는 단어를 들어 본 적이 없다는 얘기를 듣고 많이 놀랐던 기억이 난다. 요즘에는 그냥 신입생이라고 부른다니 조금 낭만이 없는 느낌이다.

대학 생활 가운데 입학해서 느꼈던 설렘은 잠시였다. 처음처럼 계속해서 재밌고 즐겁지만은 않았다. 학교에서 친구들과 즐겁게 지내기도 했지만, 생각보다 학교에서 하는 공부는 흥미롭지 않았다. 어쩌면 생각이 복잡해졌다는 게 맞는 표현인 것 같다. 대학 생활도 즐기면서 대학 후 미래 직업도 고민해야 하고, 당장은 학교 다니면서 쓰는 적지 않은 용돈을 마련해야 하고 또

한 다음 학기 등록금을 벌기 위해 수업이 끝나면 어김없이 중고등학생 과외를 해야 했고, 주말에는 커피숍에서 아르바이트를 해야 했다. 이따금 과외가 끝나면 학교에 남아 있던 친구들이 함께 술을 먹자며 유혹하기도 하고, 이것도 학교생활이겠거니 하면서 어쩔 수 없이 늦게까지 술자리를 함께하기도 했다.

그렇게 대학교 1학년을 지나 2학년이 지났고, 3학년을 등록하고 학교에서 수업을 받던 3월의 어느 날, 엄마의 전화를 받고 난 화장실로 가서 한참을 울었다.

"엄마야, 대학을 휴학하면 안 될까? 오빠들 등록금 내고, 집이 어려운데 너라도 좀…."

엄마도 굉장히 미안해했던 것 같다. 당시 IMF로 많은 가정이 충격을 받고 힘들어하는 상황에서 우리 집도 예외는 아니었다. 오빠들까지 사립대학교를 보내며 은행 대출을 받았던 엄마 아빠는 은행 대출이자뿐 아니라 원금 상환을 독촉받는 상황이었고, 더 이상 버티기 어려우셨던 것 같다. 한참을 화장실에서 울다가, 눈물을 닦고, 교학처로 가서 휴학 신청서를 내고 학교를 나왔다. '그래, 언제 복학할지 모르겠지만 남자 동기들은 다들 군대에 가 있으니, 한 1년만 휴학하면 좀 달라지겠지?' 그렇게 생각하고 시작한 휴학 기간은 2년이 지나서야 복학하게 되었다.

　휴학 기간에도 학원 강사, 놀이공원과 카페 아르바이트 등 여러 가지 일을 하며 돈을 벌고, 집에 조금이라도 도움이 되기 위해 노력했다. 그중 인생에 지우고 싶은 순간도 있었는데 그 당시에는 잘 몰랐지만 지나고 보니 인생에 쓴 약이 된 것 같기도 하다.

　복학 전과 후에 달라진 점은 전에는 같은 서울 내에서 집과 학교 사이가 1시간 거리였지만, 복학 후에는 경기도 광주에서 서울까지 학교에 다녀야 하는 상황이 되어서 통학 시간이 왕복 2시간에서 왕복 6시간이 되었다는 점이다. 버스와 지하철에서 왕복 6시간은 정말 피곤하고 지치는 시간이었다. 또 한 가지 달라진 점은 친하던 동기들이 졸업해 없고, 후배들과 같이 다녀야 하는데 생각보다 쉽지 않았다. 학번 동기애가 아주 끈끈하지 않던가! 그런 가운데 학교생활이 끝난 저녁 시간에는 학원 강사 생활을 병행했기 때문에 또다시 나의 복학 후 대학 생활도 치열한 전투 현장이 계속되는 느낌이었다.

　지금 생각해 보면 대학 생활 자체가 나에게는 치열한 삶의 전투 현장이었던 것 같다. 용돈 받아 쓰면서 학교에 다니는 것이 아니다 보니 모든 순간이 치열해지고 생각이 복잡해지는 시간이 많았던 것 같다.

　그런 중에도 유일하게 선물 같은 시간이 있었다. 바로 수업과 수업 사이에 짬이 나면, 그 짬을 이용해 도서관에서 보내는 시간이다. 정말 나에게는 선물 같은 시간이었다. 1, 2학년 때에는 친구들과 틈만 나면 신촌, 광화문, 동대문 또는 대학로로 놀러 다녔었다. 복학한 후에는 친구들이 모두 졸업하고 없어, 후배들과 함께 놀러 다닐 수 있는 상황이 아니었다. 그 덕분에 복학 후 도서관에 앉아서 책을 읽었다. 그 시간이 나에게는 힐링이 되는 시간이었다. 도서관에서 많이 읽었던 책은 대부분 수필과 소설, 역사책을 주로 읽었는데 나이가 들다 보니 점차 경제 분야 책도 읽고, 자기 계발 분야 책도 즐기게 되었다. 한 시간 두 시간 가용한 시간 동안 집중해서 읽다 보니 처음에는 읽는 속도가 다소 느렸지만, 점점 읽는 속도도 빨라지고, 다양한 분야의 책을 읽게 되었다.
　이 시기가 내 삶의 방향을 정하는 가장 중요한 때였던 것 같다. 책을 통해 나에 대해 진지하게 생각하고, 관심 있는 분야와 내가 하고 싶은 것을 고민하고 생각할 수 있었다. 대학을 휴학한 2년 동안 끊임없이 아르바이트하면서 지나 버린 시간이 다소 아쉽게 느껴지는 순간이었다. 보다 나에게 집중할 수 있는 시간이었다면 좀 더 발전할 수 있지 않았을까? 단지 생계를 위해 아등바등 아르바이트로 2년이라는 시간이 훌쩍 지나버린 것이 너무도 아쉽다.

복학 후 도서관에서 다양한 책을 깊게 정독하면서 이 시간을 나를 위한 성장의 시간으로 보내야겠다고 생각하게 되었다. 그리고 그동안 내가 하고 싶었던 일에 대해 깊이 생각하고 도전하겠다고 다짐을 했다.
어릴 때부터 내가 하고 싶었던 일, 막연하게 동경했던 직업, 바로 군인! 여군!
한번 해 보자. 실패해도 후회하지 않도록, 혹여 실패하더라도 내 선택에 절대 후회하지 않을 것이고, 오히려 해 보지 않는다면 언젠가 이 순간을 후회할 것이라는 생각이 들었다. '나는 잘하려고 매 순간 노력할 것이고 그 선택을 즐기리라!' 다짐했다. 어쩌면 그 순간이 정말 운명적인 선택이었던 것 같다.

많은 성공한 사람들의 공통적인 부분 중 하나가 바로 독서를 통해서 성공하는 과정에 이르게 되었다는 것이다. 물론 내가 그런 성공한 사람에 속하는 것은 아니지만 스스로를 평가했을 때 나 역시 독서를 통해서 내 인생이 한 단계 나아지고, 좋은 방향으로 이끌어졌다는 것이다.
혹시 여전히 주저하고, 망설이는 이들에게 꼭 해 주고 싶은 말이 있다. 바로 '독서'이다. 어떤 책이든 관심 있는 책을 손에 들고 조용한 곳에 앉아 한 글자 한 글자 읽어 내려가다 보면 분명 길이 보인다.

"한번 해 보자. 해 보는 그 자체가 성공이다."

사랑하라, 한 번도 상처받지 않은 것처럼

사회에서 경험하지 못한 군 생활이 용산 우체국 앞에서 시작되었다. 조금은 경직된 표정으로 막 대학을 졸업한 여대생들이 함께 온 엄마 아빠와 모여 있었다. 군에서 나온 간부의 안내에 따라 나 또한 그녀들 사이에 열 맞춰 서서 눈물을 흘리는 부모님께 손을 흔들어 작별 인사를 하고는 군문으로 출발했다. 의무복무도 아닌데, 자원해서 온 길인데, 왜 그리 눈물이 났는지 모르겠다. 2002년 2월 추운 어느 날 국방부 후문을 지나 여군학교에 들어서서 16주간의 후보생 교육을 마치고 7월에 소위로 임관했다. 4개월간 초급반 교육을 마치고 11월 매서운 바람을 맞으며 처음 배치받은 곳은 연천 전방에 있는 사단 참모부였다. 여군학교에 들어가서부터 전방에 오기까지를 단 몇 줄로 표현했지만, 그 시간 동안의 기억을 꺼내기 시작하면, 아마 끝

도 없이 몇 날 며칠 밤을 새워야 할 것이다.

처음 부대 배치받고, 새로운 사람들과 조직의 일원으로 복무를 시작하게 되었다. 처음 임무를 부여받은 곳의 부대 상급자가 육군 규정이라는 헌법책처럼 두꺼운 책자를 읽으라며 주었다. 업무를 하려면 숙지해야 한다면서 자리를 마련해 주고는 책자만 남겨 놓고 갔다. 육군 소위의 당찬 포부였는지 정말 잘해 보겠다는 마음에 규정을 한 자 한 자 읽으며 이해하려고 노력했다. 대학 시절 필수과목 중에 법학 과목이 있었는데 정말 공부하기 어려운 과목이어서 피했었다. 하지만 이제는 안 하고 싶다고 안 하거나, 하고 싶다고 마음대로 할 수 있는 곳이 아니었다. 안 하고 싶어도 해야 하고, 하고 싶은 것이 있어도 참아야 하는 곳이 바로 '군대'였다.

두꺼운 규정집을 한 줄 한 줄 읽어 내려갔지만, 솔직하게 전혀 이해되지 않고, 용어가 이해되지 않았는데, 모르는 게 부끄러워 물어보기도 민망하고, 그렇다고 안 물어보자니 답답하고, 정말 무지막지한 벽에 부닥친 느낌이었다. 그때 나이가 지긋하신 준위분이 웃으며 얘기하셨다.

"너무 힘들게 읽지 마세요. 지쳐요. 그렇게 읽어도 금방 다 잊어버려요. 그냥 이런 게 있구나 할 정도로 읽고 지나가고 나중에 필요할 때 잘 찾아서 다시 읽고, 적용하면 돼요. 하지만 이런 게 있는 줄은 알아야 하니까 읽어봐야 하는 거예요"

그때 준위님은 정말 따뜻한 인상과 마음을 가진 분이었고 그분이 해 주셨던 말씀은 군 생활 내내 정말 소중한 자산이 되었다. 여전히 보고 싶은 한 분이다. 한 장 한 장 읽어가기에 너무 힘든 그때 업무 방법을 잘 알려 주었다. 어렵다고 힘들어할 것도, 모른다고 답답해할 것도 없이 하면서 물어보고, 하면서 적용하고, 하면서 다시 읽고, 하다 보면 일 처리가 되어 가고, 업무에 적응하고 그렇게 시간이 지나다 보니 어느 순간 해당 업무 분야에 전문가가 되어 있었다.

사회 초년생들이, 또는 아직 사회에 발을 내딛지 않은 많은 청년이 책을 읽는 것이 귀찮고 도움이 안 된다고 생각하는 경우가 참 많은 것 같다. 책에 대한 필요성을 못 느끼는 경우도 많다. 하지만 사회생활을 하다 보면 읽기 능력의 중요성을 깨닫게 된다. 사회생활에서 제일 먼저 접하게 되는 것은 바로 인수인계서이다. 문서 형태로 되어 있으면서 내가 해야 할 일, 알아야 할 일을 목록화하고 설명하는 서류이다. 아마도 모든 행정기관뿐 아니라 기업에서도 이와 같은 문서를 가지고 있고, 인터넷 사이트를 검색해 봐도 각종 양식과 작성 방법 등이 소개되어 있다. 아주 단순한 편의점, 카페, 패스트푸드점에서 아르바이트하는 경우에도 이런 업무 인계는 필요하다. 결과적으로 모든 사회생활에 필요한 문서라고 생각된다. 보통 인수인계서는 그 자체로 끝나지 않는다. 관련 업무 규정이나 법령, 적용되는 지침과 방침 등 업무를 하기 위해 연관되는 근거들이 다수 있고 이러한 근거들은 대부분 읽고 숙지해야 일을 원활하게 할 수 있다.

물론 사회생활을 하면서 접하게 되는 다양한 문서와 관련 내용은 일부 암기해야 하는 경우도 있지만 너무도 방대한 양의 자료여서 찾아서 활용하는 경우가 대부분이다. 결국 사회생활을 하면서 다양한 문서와 자료들을 반복해서 읽고 활용하게 된다. 신기한 것은 한 번 읽고 두 번 읽고 세 번 읽을 때 그 내용이 좀 더 세밀하게 이해되고, 의미가 분명하게 뇌리에 기억되고, 더 깊이 이해하게 된다는 것이다. 결국 반복되면서 외우게 되고, 깊이 있는 이해와 활용을 통해 그 분야에서 전문성을 갖게 되는 경우가 많다.

나의 경우 새로운 업무를 시작하고 익히고, 배우고, 적용하고, 찾아보고, 읽고, 숙지하고 일하는 과정을 반복해서 그 직책에서 업무를 잘 수행할 즈음, 그러니까 짧으면 1년, 길어 봐야 2년 정도 지나면 새로운 곳으로 이동해야 했다. 당연히 새로운 곳에 가서는 다시금 새로운 환경에서 처음 만난 사람들과 새로운 업무를 해야 했다.

새로운 환경, 새로운 사람들, 새로운 업무에 잘 적응해서 임무를 완수하고, 다시 부대 이동을 할 때 가장 힘든 것은 그동안 잘해 왔던 모든 것과 헤어져야 한다는 사실이다. 새로운 환경과 업무, 사람들에 익숙해지기까지 빠르면 1달 혹은 2달이 걸릴 때도 있어서 그렇게 나 자신을 적응시키려고 노력한 모든 것을 뒤로하고 다시금 새로운 곳에서 시작할 때 원점에서 시작해야 한다는 것은 정말 쉽지 않은 일이었다. 지금도 여전히 쉽지 않게 느껴진다.

우리 집 책장에 꽂혀 있는 시집 중 가장 좋아하는 시집은 류시화의 '사랑하라 한 번도 상처받지 않은 것처럼'이다. 책장에서 이 시집에 손이 간다면 나의 내면에 힘들고 어려운 감정이 쌓이고 있다는 뜻이다. 그럴 때 류시화의 시를 읽곤 했다. 아마도 부대 이동으로 적응에 어려움이 있을 때는 매번 이 시집을 펼쳤던 것 같다.

임관하면서부터 지금까지 17번 이상 부대 이동을 하면서 새로운 시작과 헤어짐을 17번 이상 해 왔다. 그 과정 중에는 새로운 환경과 새로운 사람들, 새로운 업무 그 모든 것을 포함하고 있다. 돌이켜 생각해 보면 정말 쉽지 않은 일들이었다. 하지만 그때마다 가졌던 마음은 바로 항상 처음인 것처럼 시작하자는 것이었다. 새롭다는 것은 기대와 희망, 소망, 다짐들이 모두 내포되어 있다. 내가 속한 새로운 환경에 모든 의미를 부여하고 적응하려고 노력했다. 그렇게 생각하면 내 부대에 대한 애정과 부서원을 향한 관심과 일에 대한 궁금증 그리고 잘하고 싶은 마음이 샘솟는다.

특히 업무에 관해서 기존에 해 왔던 것들도 처음인 것처럼 다시 한번 찾아보고, 부대에서 적용해 왔던 부분을 살펴보고, 문제점을 찾게 되고, 해결 방법을 모색하게 된다. 물론 그 과정에서 앞에 언급했던 인수인계서나 관련 규정 근거 등 다양한 자료들을 찾아보게 된다. 예전에 보고 활용했던 자료들임에도 새로운 환경에서 보면 또 다르고, 새롭기까지 하다.

군 생활을 시작하며 책을 많이 읽을 기회는 없었지만, 다양한 법령이나 규정 등 업무에 필요한 지식을 얻기 위한 독서를 많이 했던 것 같다. 결국 어려운 책들도 반복해서 필요한 부분들을 찾아서 읽다 보면 결국 내 것이 되는 법이다.

"읽고 또 읽어 보자. 한 번도 읽어 보지 않은 것처럼"

어른이 된다는 것

　　치열하고 전쟁 같은 고등학교 생활, 또다시 시작된 전쟁 같은 대학 생활, 그리고 이어진 군 생활을 정신없이 이어갔다. 매일매일 이어지는 야근과 주기적으로 해야 하는 훈련으로 일상은 항상 쳇바퀴처럼 돌아갔다. 하지만 이러한 일상에도 전혀 지치지 않았다. 그 이유는 25년간 꿈꿔왔던 사실, 즉 부모님으로부터 독립해 있다는 사실 때문이었다.

　　군에 들어오기 전까지는 부모님 품에서 벗어나길 바라는 사춘기 소녀였던 것 같다. 대학교를 지원할 때 부모님이 허락하지 않은 포항 소재 사립대학을 지원한 것도 그 때문이었다. 결국 합격은 했지만, 비싼 등록금과 집에서 멀다는 이유로 포기해야만 했다. 그래서 군에 들어오기 전인 25살까지 집을 떠나 본적이 없었고 군에 들어오면서 부모님에게서 완벽하게 독립하게 되었다. 당시에는 독립해서 살면 그 자체로 어른이 된 것 같았다. 내가 번 돈으로 생활하고, 사고 싶은 물건들도 사고, 내 미래를 만들어 가고 있다는 자신감이 들었다. 지금 생각하니 철부지 사춘기 소녀였던 그때, 부모님 품이 한없이 그립다.

군 생활을 시작하면서 혼자 모든 것을 다 할 수 있을 것 같은 자신감에 가득 차 있었다. 사회생활과 가정생활 모두를 완벽하게 하고 싶었고 스스로 생각하는 이상적인 내 모습을 그리고 있었다. 내가 속한 직장에서 인정받는 사회인이자 가정생활도 잘 해내고 아이들도 잘 키우는 워킹맘이 그것이었다. 그중에서도 다정하고 가정적인 남자와 만나 딸 둘, 아들 둘을 키우며 화목하게 살아가는 게 제일 큰 바람이었다. 가장 평범한 것이 가장 어렵다는 말처럼, 가장 평범한 삶을 꿈꾸었다. 하지만 결혼하고 가정을 갖는 것은 나 혼자만의 생각으로 할 수 있는 것은 아니었다.

군 생활 중에 많은 동기와 동료가 함께하고 있었지만, 내면에 외로움이 생길 때도 있고, 사람과의 만남과 헤어짐이 내 뜻대로 안 된다는 사실도 알게 되면서 자신감이 움츠러들 때도 있었다. 부대에서 나를 좋게 평가해 주셨던 부대장님께서 지금의 남편을 소개해 주셨다. 대구 출신이었고 무뚝뚝하지만, 소나무처럼 듬직해서 내가 믿고 기대고 의지하도록 만드는 사람이었다. 어쩌면 평범하지만, 나에게는 정말 특별한 인연이고 운명 같은 순간이었다고 생각한다. 지금도 남편과 우스갯소리로 '콩깍지'가 씌었다고 얘기하지만, 18년간 기쁨과 슬픔, 좌절과 성공을 함께 하면서 우리 부부 인연은 그 자체가 소중했고 지금까지 함께하고 앞으로도 함께하자는 서로의 모습에 감사함을 느낀다. 그렇게 군에서 맺어진 인연으로 결혼을 하고 두 아이를 낳고 한 가정을 이뤄가며 살아가게 되었다.

누구나 엄마가 되면 아이들에게 해 주고 싶은 게 정말 많아진다. 안전하게 키우고 싶고, 맛있는 것을 먹이고 싶고, 예쁘게 입히고 싶고, 공부도 잘 시키고 싶다. 정말 욕심이 많아진다. 그런 엄마 마음처럼 나 또한 아이들에게 정말 해 주고 싶은 것이 있었다. 책을 좋아하는 아이로 만들고 싶은 마음! 어느 엄마나 같은 마음일 것이다. 그런 마음에 그림책이며, 동화책이며, 가득가득 사다 두었다. 물론 어린 시절 내가 갖지 못했던 것을 대리만족하는 것일지도 모르겠다.

책을 좋아하는 아이로 만들기 위해 아이들에게 해 주었던 것은 바로 동화책 낭독이있다. 졸린 아이들을 재우려고 침대에 눕힌 다음 동화책을 읽어 주면 얼마나 좋아하던지, 그때 아이들의 눈빛은 여전히 내 기억 속에 또렷하게 남아 있다. 지금은 왕성한 사춘기 아들들이지만 그 당시에는 정말 귀엽고, 사랑스러운 아이들이었다.

동화책을 읽어 주면 졸리면서도 한 번 더 읽어 달라고 떼쓰기도 하고, 애교를 부리기도 하며, 동화책 속에 빠져든 아이들의 눈빛은 엄마를 향한 사랑이 가득했다. 아이들에게 책을 읽어 주면 그 순간 나는 아이들에게 정말 소중한 사람이고 아이들이 의지하는 사람이 되었음을 느낄 수 있었다. 이런 느낌은 엄마가 되지 않으면 절대 느낄 수 없는 감정이다.

군 생활을 하면서 아들 둘을 키우는 것은 매 순간이 도전이었다. 27개월 된 첫째와 9개월 된 둘째를 어린이집에 맡긴 채 야근하다가 밤늦게 아이들을 데리고 집으로 돌아오는 게 거의 매일의 일상이었다. 근무 중에 아이가 열이 난다고 어린이집 원장님이 연락해 오면, 급하게 병원에 가기도 했다. 하루하루가 부대 일과 육아로 가득 차 있었고 그 외에는 어떤 것도 내 삶에 끼어들 틈이 없었다.

요즘은 많은 여성이 육아에 관련된 어려운 생활을 미리 상상해서인지 몰라도 결혼도 육아도 선택하는 것에 주저하고 있는 것 같다. 육아가 어렵게 느껴지고 사람을 책임져야 하는 부담감에 결국 혼자 살아가려는 사람들도 있을 것 같다. 그 선택을 존중하지만 그 선택으로 인해 놓치고 있는 것들을 생각하면 안타까운 마음이 든다.

브레네 브라운의 '리더의 용기'라는 책을 보면 취약성과 용기, 용기 있는 리더가 되는 방법을 제시하고 있다. 그중에 '인간은 사회적 동물'이라고 하는데, 그 사회적 동물이라는 개념에서 어른이 된다는 것은 자주적인 존재로 혼자 서는 사람이 되는 것이 아니라, 다른 존재가 의지할 수 있는 존재가 되는 것'이라는 문장이 매우 인상적이었고 내 상황과 맞물려 깊이 공감되었다. 결혼해서 배우자가 있고, 자녀를 둔 지금 남편과 아이들이 의지할 수 있는 존재가 되고 있고, 더욱 그러한 존재가 되기 위해 노력하고 있으며 그 과정에서 지속해서 더 나은 어른이 되어 가고 있다고 느낀다.

치열한 군 생활과 육아 속에서도 나를 지치지 않고 계속 달리 수 있게 해준 것은 내 옆에서 건강하게 자라는 아이들이었고, 그들을 품에 안고 들려주었던 동화책 낭독이었다. 어린 시절 즐겨 읽던 동화책을 아이들에게 읽어 주는 과정은 오히려 나에게 더 큰 위로를 주는 것 같았다.

'괜찮아, 잘하고 있어, 아이들도 사랑으로 잘 크고 있고, 나도 군 생활 잘하고 있어.'

동화책 낭독은 그렇게 나를 위로하고, 아이들에게는 사랑으로 크게 하는 힘이 있었다. 아마도 그 당시 동화책을 읽어 주며 아이들과 교감하는 시간이 없었다면 조금은 힘들지 않았을까 생각된다. 군인인 엄마를 쫓아다니며 어린이집 6번, 초등학교 5번을 옮겨 다닌 아이들에게 미안한 마음이 크다. 그러나 다행히 친구들과도 잘 지내고, 사춘기를 자신만의 방식으로 잘 보내고 있는 아이들에게 진심으로 매 순간 감사한 마음이 든다. 한편으로 아이들 내면에 어린 시절 엄마의 동화책 낭독이 큰 힘이 되었을 거라고 믿어 본다. 아이들이 기억하지 못할 수도 있지만 함께 읽고 또 읽어서 너무 헤져 버린 동화책들이 새삼 생각나니 눈물이 아른거린다.

아이들이 의지할 수 있는 어른이 되었다고 생각했는데, 어른이 된 것은 나만이 아닐지도 모르겠다. 오히려 내가 힘들 때마다 아이들을 의지했던 것 같다. 아이들이 내가 어른이 되어 가도록 도와주고 나는 아이들이 어른이 되어 가도록 도와주고, 결국 아이들과 나는 서로 의지하면서 우리는 서로 어른이 되어 가고 있었던 것 같다.

"어른으로 성장하는 것은 다른 사람이 의지할 수 있는 존재가 되려고 노력하는 것! 그 과정을 지나와야 비로소 어른이다."

좋은 책도 많고 볼 책도 많다. 그래서 세상은 재미있다

사람들은 제각기 다양한 기준에 자신을 비추어 자신을 부족하다고 생각하기도 하고, 자기가 원하는 기준에 도달하지 못하면 실망하기도 한다. 물론 나에게도 다양한 욕구와 그에 따른 기준이 있지만 나에게 가장 중요한 기준은 바로 성장이었다. 매 순간 나를 성장시키는 것에 관심이 많았다.

10여 년 전 대학원에 등록하고 석사학위를 취득하겠다고 다짐했지만, 당시에는 초등학교 1, 2학년인 아이들 육아와 더불어 많은 시간을 부대에서 보내야 했는데, 군 생활 통틀어서 두 번째 정도로 굉장히 바쁜 시기가 겹쳐 결국 대학원 과정을 중도 포기할 수밖에 없었다. 내 욕심만으로 할 수 있는 건 아니었던 것인지 아니면 내가 바쁘다는 핑계로 못 한 것인지, 아니면 둘

다였을 수도 있지만 석사학위를 마치지 못했다. 10년이 지난 어느 날 부대를 방문하신 교수님 한 분을 만나고 석사학위에 관해 얘기를 나누던 중 다시금 대학원에 관심이 생겼다. 추천하신 전공학과는 독서경영전략학과였는데 학과명이 너무 생소하고, 낯설었지만, 교수님과의 인연을 믿고 대학원에 등록했다.

첫 수업에 참석해서 동기생과 선후배들을 만나고, 서로 자기소개를 하면서 정말 깜짝 놀랐다. 군 생활만 하다가 사회에서 활동하는 다양한 분들, 그중에서도 책을 좋아하고 책에 진심으로 관심이 많은 사람을 만나니 정말 신기하기도 하고 놀라움을 감출 수 없었다. 그들 중에는 같은 군 생활을 하는 선배와 후배들도 있었는데 군인 중에서도 책을 좋아하고 책을 많이 읽는 사람들이 이렇게 많았다는 사실에 새삼 놀랐다. 만약 큰 결심을 하고 학업을 시작하지 않았더라면, 몰랐을 새로운 경험이었다.

뒤늦게 시작한 대학 생활에서 필수과목 외에 선택과목 수업을 듣게 되면서 요즘 경향을 읽을 수 있는 다양한 서적을 접할 수 있었다. 스스로 선택하라고 했다면 아마 선택하지 않았을 책일 텐데 미처 알지 못했던 새로운 정보와 내용으로 나의 좁은 시각을 넓혀 주었다.

책을 좋아하는 마음에 정기적으로 매월 한 권의 책을 사서 읽겠다고 다짐하며 분기별로 베스트셀러 책을 사기도 하고, 일 년에 한 번 몰아서 책 쇼핑을 하기도 했다. 그렇게 샀던 책들은 대부분 베스트셀러였지만, 끝까지 읽지 못하고 책장에 넣어 둔 경우가 많이 있었다. 그렇게 쌓아 두었던 책들을 지금은 하나둘씩 다시 꺼내서 읽기 시작했다. 시간이 없어서, 무거워서, 바빠서라며 뒷전이었던 독서가 조금은 일상처럼 다시 시작되었다.

책은 누군가가 정성스럽게 자신의 지식과 감정, 노력을 담아서 만든 작품이다. '책은 그 책을 쓴 그 사람이다.' 예전에는 책에 대해서 이렇게 생각하지 않았던 것 같다. 그저 누군가 쓴 책, 도움이 되려고 쓴 책, 지식을 정리한 책, 재미있으라고 쓴 책이라고 생각했다. 하지만 대학원 과정을 받으며, 함께 수업받는 동기생과 선후배들의 책 출간 과정을 지켜보며, 그 과정은 단순한 과정이 아니라는 사실을 알 수 있었다. 그 책 속에 작가의 삶과 정성, 노력, 희로애락, 모든 감정이 담겨 있는 그 작가의 삶이라는 것을 알게 되었다.

그 책이 수필이든, 소설이든, 시집이든, 학술지이든 그 모든 책에는 작가의 삶이 녹아 있고, 어찌 보면 그 책은 그 작가였다. '아, 이 작가는 이런 생각을 하고 있었구나. 그래서 이런 글을 썼구나.' '참 재미있네.' 이런 생각을 하니 책 읽는 과정이 더욱 재미있어졌다.

책을 발간하는 방법이 점점 쉬워지고 있고, 사람들은 자신을 표현하는 데 거침이 없다. 정말 솔직하고, 대범하다. 그렇기에 책을 출간하는 사람들도 많다. 물론 책을 읽는 사람들이 적어지고 있다고는 하지만 열심히 읽는 사람들은 계속 책을 찾아 읽고 있다.

다양한 매체를 통해 책뿐 아니라 읽을거리 볼거리가 제공되는 현재에는 책에 대한 필요성에 의문을 제기하는 사람들도 많이 있는 것 같다. 하지만 내가 책을 읽는 이유는 책이라는 것은 저자가 자신의 감정, 생각, 지식을 정제된 문장으로 표현하고 전달하는 과정이 수반되고, 이를 통해 독자가 스스로 생각하고 느낄 수 있는 여지를 준다는 것이다. 일방적인 전달이 아니다. 글을 쓴 것은 저자이지만 결과적으로 생각하고 판단하고 느끼고 결정하는 것은 오롯이 읽는 사람의 몫이다. 과연 그런가? 라고 의문을 제기할 수도 있지만 글을 읽으며 맞는지 아닌지 판단하고 받아들일지 말지, 비판할지, 동조할지, 공감할지를 생각하게 된다.

일반적으로 책이 아닌 매체들에서는 일방적으로 말하는 사람의 이야기를 듣고, 빠르게 흘러가는 화면에 따라 생각할 충분한 시간이나 여유가 부족한 경우가 많다. 생각하기 위해 멈춤을 누르는 사람이 100명 중 한 명 있을까? 아마도 거의 없지 싶다.

그리고 대부분 그런 매체들이 충분한 소통과 정보 획득, 그리고 재미를 준다고 생각할 것이다. 물론 매체들은 다양한 콘텐츠를 제공하고 있지만, 분명한 것은 매체를 통해 얻는 과정은 독서를 통한 과정에 비해 내 생각과 사고, 그리고 감정을 오롯이 가질 수는 없다는 것이다.

나 또한 매체를 통해 다양한 정보를 얻었고, 많이 의존해 왔던 것도 사실이다. 책에 대한 필요성을 알지만, 짧은 시간에 쉽게 접할 수 있는 것이 매체를 통한 정보임을 부정할 수 없다. 아이들을 키우면서 어릴 때는 동화책을 읽어 주고 책을 곁에 두게 하려고 애를 썼지만 결국 아이들이 성장하면서 쉽게 빠지는 것은 스마트폰에서 제공하는 영상들이고, 이에 따라 아이들에게서 책은 너무도 멀어져 버렸다는 사실이 안타깝다. 물론 간혹 아이가 보고 싶은 연애소설이 있으니 사 달라고 하면 '그래 소설이면 어떠랴, 책이면 뭐든'이라는 생각으로 사 주고 있다.

책을 읽는 과정, 책에서 한 줄 한 줄 읽어가는 그 과정이 정말 소중하다는 것을 잘 알고 있기 때문이다. 지난 20년간 정말 정신없이 달려온 삶의 과정 중 힘들 때마다 함께했던 책, 아이들과 함께했던 동화책, 군 생활하면 읽은 다양한 베스트셀러 도서, 대학원 생활을 하며 읽은 다양한 책은 읽는 순간순간 정신적 여유를 가져다주었고, 풍요롭게 해 주었다고 생각한다. 그리고 앞으로의 내 삶 속에서 나를 즐겁게 해 줄 것이라고 믿는다.

"손에 잡히는 책은 뭐든 읽고, 그 과정에서 나를 찾아가며 재밌게 살아보자."

기록하고 또 기록하자, 기록이 쌓이면 내가 된다

늦은 나이에 새로이 대학원을 다니면서 가장 크게 느꼈던 부분은 내가 그동안 사회와 많이 단절되었다는 느낌이었다. 정말 그동안 사회에 대해 너무도 관심을 두지 않았구나! 그저 스마트폰 최신형에 관심을 가질 뿐 사람들이 스마트폰을 어떻게 사용하는지에 관해서는 그다지 관심을 기울이지 않은 것 같다. 스마트폰으로 영화를 촬영할 수 있다는 광고를 본 적이 있는데 그저 광고일 뿐이라고 생각하며 지나쳤던 것 같다. 반면 사회에서는 사람들이 스마트폰으로 다양한 활동을 하고 있는데, 나는 그런 면에서 정말 초등학생 수준만도 못하다는 생각을 하게 되었다.

10여 년 전 우연히 블로그 계정을 만들고 계정에 일기를 쓸 것이라고 생각한 적이 있었다. 계정을 만들었지만, 사용하는 방법이 좀 어렵고, 시간도 마땅하지 않아서, 그 이후로 잊고 지냈었다. 그러던 중 작년 강원도 양양으로 발령을 받으면서 그곳의 매력에 푹 빠져서 '이곳에서의 추억을 기억하고 싶다'는 마음이 간절해졌다.

그 마음으로 10년 만에 다시 찾은 블로그에 나의 일상을 기록해 보았다. 아침마다 남대천 천변을 따라 조깅하면서 찍은 사진과 함께 그날 내가 느낀 감정과 기분 그리고 나의 다짐을 기록해 보고, 주말에 혼자 인적 드문 정암해변에 앉아 자갈돌과 파도가 만드는 소리에 감동한 순간들, 그리고 남편과 함께 찾은 숨은 손 수제비 맛집 등 내가 만들어 갔던 하루하루 추억들을 블로그에 기록해 두었다. 그런 기록들이 양양을 떠난 지금도 여전히 내 블로그에 남아서 마치 그때가 지금인 것처럼 나의 기억을 소환한다.

지난 20년간 누구보다 치열하게 육아와 가정생활 그리고 군 생활을 유지했지만, 별다른 일기나 기록을 남기지 않았다. 다만 나 스스로 분명히 기억한다고 생각했지만, 일부 희미하게 잊혀간 기억과 추억 그리고 스마트폰에 남겨져 있는 사진이 전부였다. 더 추억하고 싶어도 잊힌 기억이 더 많은 것 같다. 물론 그 당시 내 생각과 기분은 희미해져 많은 부분 이미

사라지고 없다.

군에 들어왔을 때, 군에서 힘들었을 때, 결혼했을 때, 출산했을 때, 휴직 및 복직했을 때, 진급했을 때, 부대원들과의 생활과 업무들, 수많은 순간순간이 기억나지만, 점점 흐릿해지고, 오로지 그때만의 감정이 아니라 다른 감정이 덮은 기억과 추억이 된 것 같다.

하지만 양양에서 지낸 1년 동안 블로그에 남아 있는 글들은 오로지 그 순간의 생각, 그 순간의 기억과 추억으로 가득 차 있고, 그 어떤 기억으로도 덮이지 않는 그대로이다. 그래서 조금은 힘들 때 그때가 그리울 때 다시금 블로그에 남겨진 글들과 사진에 위안받기도 한다.

내가 대학원을 다니면서 만난 동기와 선후배님들은 이런 글쓰기의 긍정적인 효과와 영향, 대단함을 이미 오래전부터 알고 독서와 글쓰기를 실천하시는 분들이었다. 자신의 지식을 쌓아가거나, 관심 분야를 발전시키거나, 삶의 지혜와 경험을 기록해두며, 자신만의 영역으로 쌓아가고, 그 결과 다양한 성과물을 갖고 계신 분들이었다.

어떤 분들은 자기의 이름으로 책을 발간하기도 하고, 어떤 분은 신문 기사를 쓰기도 하고, 어떤 분은 블로그나 인스타그램으로 자신을 표현하고 기록을 쌓아가고 있기도 했다. 또 어떤 분들은 강연하거나 앞으로 강연하기 위해 준비하고 있는 분들도 있었다. 그리고 그렇게 쌓인 기록이 커리어가 되고, 그 자체로 개인 브랜드가 되기도 했다.

동시대를 살아가는 사람 중에 일기나 블로그를 쓰는 사람이 얼마나 될까? 상당히 많은 것 같지만 결국 사람들 대부분은 누군가가 쓴 글을 소비하는 데 그치는 경우가 많다. 물론 나 또한 그랬었고, 여전히 나도 스마트폰 사용의 90%는 다른 사람의 글을 읽는 데 소비하고 있다. 하지만 100%는 아니다. 그래도 일정 부분은 글을 쓰고 기록을 남기려고 노력하고 있다.

결국 시간이 지나면 소비한 것은 모두 사라지고 내가 시간 내서 쓰고 기록하고 남긴 것들만 남게 된다. 비록 내가 쓴 기록이 특정한 목적을 둔 것이 아니라 할지라도, 나의 기억을 대신해서 남아 있는 것이다.

내가 지난 시간 양양에서의 기록을 통해 나를 발견하듯, 아마도 이 글을 쓰는 과정을 통해서도 나의 지나간 기억들이 남겨지고, 어쩌면 이 자체가 내가 되는 과정인 것 같다. 나처럼 이렇게 띄엄띄엄 남기기도 하겠지만, 누군가는 꾸준히 남기기도 할 것이고, 어떤 경우는 특정한 기억을 남기기도 할 것이다. 그 무엇이라도 다 좋다. 그 어떤 것이라도 다 좋다. 기록은 그 자체로 의미 있고, 나를 남기는 방법인 것 같다.

아마도 좀 더 시간이 있다면 내가 지나온 순간순간 마디마디를 나누어 정말 진솔하게 글을 남기고 싶다는 생각을 한 번 더 하게 되었고, 그뿐 아니라 앞으로의 내 삶 속에도 하루하루의 날들을 담아 기록을 남기고 싶은 생각이 든다. 블로그 사이트에 접속하면 이런 글이 나온다. '기록이 쌓이면 뭐든 된다.'

학생, 사회 초년생, 직장인, 제2의 인생을 준비하는 사람, 또는 인생을 마무리하는 사람 그 누구라도 자신의 상황과 자신의 감정, 그리고 알고 있는 것들을 조금씩 기록하고 남겨 놓으라고 얘기해 주고 싶다. 내가 남겨 놓은 기록들은 분명 살아가는 과정에서 나 자신을 보다 긍정적으로 바라보는 수단이 될 수 있다.

처음엔 누구나 두렵다. 내 글을 나를 전혀 모르는 사람들이 읽고 어떤 반응을 보일지, 어떻게 평가할지, 오만가지 걱정이 들 수도 있다. 하지만 걱정하지 말고 어렵게 생각하지 말고 지금 당장 도전해 보길 바란다. 글쓰기를 시작하면, 더 잘 쓰고 싶어지고, 더 잘 쓰기 위해서 또 책을 찾게 된다. 글쓰기와 책 읽기, 책 읽기와 글쓰기의 관계는 너무도 분명한 상관관계가 있다. 하지만 무엇이 먼저일 필요는 없는 것 같다. 어떤 것이든 상관없다. 글쓰기와 책 읽기 아무것이든 먼저 시작해 보면, 반드시 알게 될 것이다.

"글을 쓰는 과정이 나 스스로를 다듬고 어루만져 소중하게 만들어 줄 것이다."

2002년 월드컵이 한창이던 때 용산 삼각지 국방부 내에 있던 여군학교에 입교해 군 생활을 시작했습니다. 현재는 존재하지 않는 여군학교 장교 양성 마지막 기수인 47기 143명의 여군 장교 중 한 명이었고, 군에 지원할 당시 병과에 대해 잘 몰라 병과별 관련학과 목록을 보고 전공에 맞춰 부관병과를 선택해서 현재까지 22년간 군 복무 중인 장교입니다.

처음 군에 들어왔을 때 22년간 군 복무를 하게 될지 전혀 상상도 못 했고, 두 아들을 데리고 전후방 각지를 돌아다니면서 육아와 군 생활을 병행하게 될 줄은 더더욱 예측하지 못했습니다. 물론 두 역할을 다 잘했다고 생각하지는 않지만, 최선을 다했다고 생각하고, 일부분 특히 육아에 관해서는 시간이 지날수록 더 할 수 있었는데 내 몸이 피곤하다고 소홀히 했던 것이 생각나, 아이들에게 미안함과 나 스스로 아쉬움이 남기도 합니다.

그럼에도 불구하고 저는 군에 복무하면서 얻은 게 참 많습니다. 영원한 내 편이자 다정한 남편과 속 깊고 따뜻한 마음을 가진 두 아들, 자주 만나지는 못하지만 어디서나 응원하는 마음을 가져 주시는 선후배와 동료들, 그 자체만으로도 참 감사합니다. 그리고 딸의 군 복무를 자랑스럽게 여기시는 부모님은 언제나 든든한 지원군이십니다.

군 복무하면서 성격도 많이 바뀌었습니다. 어린 시절부터 고등학교 때까지는 덧니 콤플렉스로 잘 웃지도 않고 내성적인 면이 많았는데, 사회적으로 적응되어 대부분 상황에서 긍정적이고 밝은 편이며, 내성적이라고 하면 안 믿는 동료들이 있을 정도로 외향적인 면이 많아졌습니다. 아마도 군 복무 특성상 다양한 성격의 사람들과 함께 일을 해야 하다 보니 의식적으로 나 스스로를 긍정적인 방향으로 변화하려고 노력한 것 같습니다.

대학원을 다니면서 동기들과 독서경영에 관해 연구하고, 발표하고, 대화하면서 서로의 삶의 지혜를 나누었습니다. 처음 독서를 주제로 함께 글을 쓰고 책으로 남기자는 제의에 막막하고, 걱정도 많이 되었습니다. 하지만 두려움과 걱정을 딛고 나 자신에 대해 기록을 남긴다는 의미와 미약하나마 누군가에게 희망을 주고 싶다는 생각에 결국 도전하기로 결심했습니다.

모든 순간순간의 선택이 좋은 선택이든 나쁜 선택이든 내 경험이 되어 나를 성장시켰고, 그 과정에서 진실함과 정성을 다하려고 노력하고 있으며 나의 직감이 항상 올바른 길로 인도하길 바랄 뿐입니다. 지금까지 그래왔듯이 앞으로 남은 군 복무 기간 부여된 책임과 의무를 다하기 위해 노력하겠습니다.

>>>>> 에필로그

'우리'라는 단어는 가장 강력한 협력을 끌어내는 힘을 가지고 있다고 합니다. 사람은 결코 혼자서 살 수 없다는 것을 깨닫는 순간이 많았습니다. 특히 홀로 독서(讀書)를 한다는 것은 고단한 연구의 길과 같았습니다. 하지만 독서경영전략학과에서 맺은 소중한 인연 안에서는 즐겁고, 유익하게 책을 헤아리고 이해할 수 있었습니다.

우리는 함께 도서를 읽기도 하면서 글쓰기로 하나가 될 수 있었습니다. 마음을 합하여 작가라는 문을 열고 같이 걸어갈 수 있도록 손을 잡아주신 모든 분께 감사드립니다.

"책을 펼쳐 들면 기본지식이 돛대를 부풀리는 미풍처럼 나를 앞으로 나아가게 할 것이다."

—고경진

매주 토요일 뒤늦게 학생이 되어 숭실대학원 캠퍼스를 거닐

었습니다. 바쁘고 피곤할 때도 있었지만 설레임과 새로운 만남이 참 좋았습니다. 팔방미인 8명의 동기들이 졸업을 기념하여 한 권의 책을 만드는 작업도 즐거웠습니다. 학기 중에 잘 알지 못했던 부분들을 글을 통해 서로 더 깊이 이해하고 알아가는 기쁨이 컸습니다. '독서의 기술'을 통해 유년시절의 나를 마주하며, 독서 성장 에세이를 쓰는 값진 경험을 할 수 있어 감사합니다. 무엇보다 책이라는 도구로 소중한 인연이 되어주신 국내 최초 독서경영전략학과 김을호 지도교수님과 모든 선후배님들께 감사드립니다. 이 책이 개인과 가정, 기업, 대한민국의 독서생태문화의 작은 씨앗이 되기를 희망합니다.

-김혜경

'연리지'는 뿌리가 다른 나뭇가지가 서로 엉켜 마치 한 나무처럼 자라는 현상을 말합니다. 서로 다른 삶을 살아오던 사람들이 '독서'라는 공통점을 가지고 숭실대학원에 진학해 동기라는 이름으로 인연이 된 것이 마치 연리지를 떠오르게 합니다. 여러 사람이 서로의 선한 영향력으로 성장하더니 결이 이어져 마침내 한 그루처럼 '독서의 기술'이 탄생했습니다. 이렇게 팔방미인이 한 자리에서 빛을 모을 수 있게 근원이 되어주신 숭실대 대학원 독서경영전략학과 김을호 교수님께 감사드립니다. 더불어 대학원 선후배님들께도 감사드립니다. 이 책이 누군가의 늦이 되어 새로운 한 걸음의 도약이 되었으면 좋겠습니다.

−연소연

"너의 장미꽃이 그토록 소중한 것은 그 꽃을 위해 네가 공들인 그 시간 때문이야."라는 어린 왕자의 명언처럼 하루를 시작하는 새벽달과 마무리하는 한밤의 달을 만나며 장거리 학업에 도전하였습니다.

세상이 어둠에 싸여 움트지 못할 때 나만의 길을 걸었으며 버겁고 힘든 시기를 지나 이제 결실을 보고자 합니다. 그 길엔 숭실대 대학원 동기와 선후배 그리고 교수님이 계십니다. 각자가 가진 독서의 기술을 기록한 이 책은 우리 여정의 마침표이자 시작입니다. 성취의 선순환으로 오늘의 나는 어제와 다르며 내일의 미래를 열어 성장과 배움의 길을 함께 나누는 독서를 공유하고자 합니다.

−이미옥

고집 세고 말 많은, 딸 부잣집 막내딸이 결국 해냈습니다. 훌륭하신 아버지 이동환, 홀로되신 후 오직 헌신으로 다섯 남매를 키우신 어머니 오영자, 마누라가 하는 일이라면 뭐든 들어주는 멋진 남편 이호영.

내가 대학원에 다니는 동안 엄마 없이 주말을 보내면서도 씩

씩한 사랑하는 아들 지율, 인율. 그리고 내 삶의 마지막 퍼즐 조각 우리 8명의 어여쁜 동기들. 그들이 있어서 저의 인생은 성공적이었다고 말할 수 있습니다. 이 책을 통해 그것을 증명하고 남길 수 있어 더할 나위 없이 행복합니다.

—이현정

이번 '독서의 기술' 책 집필은 내 생에 가장 흥미로운 일 중 하나였다. 과거, 현재 그리고 미래의 나와 독서에 얽힌 대화를 나눌 수 있어서다. 글을 쓰는 동안 독서 재미에 다시 한번 빠진 것 같은 기분이 들었다. 어떤 방법이라도 자기 창조성을 표현해내는 일은 즐겁다. 이번 작업을 통해 잘 쓰는 것보다 솔직하게 써보려고 노력했다. 그 판단은 독자분들께서 하실 것이기에 매우 떨린다. 먼저 고마운 분들을 만나게 해주신 하나님께 감사를 드리며, 숭실대학교 중소기업대학원 독서경영전략학과 김을호 교수님, 친구들이자 스승이 된 대학원 동기님들, 학과 선후배님, 그리고 모든 면에서 외조해준 남편과 가족에게 감사한 마음을 전하고 싶다. (특히 고3 아들이 내 글을 읽고 몇 군데 지적해주어서 정말 고맙다.)

—이혜경

나무와 나무의 건강한 간격은 3m라고 합니다. 나무의 뿌리는 땅 밑에서 서로 연결되어 에너지의 총량을 분배하며 성장하지요.

한 나무가 병이 들거나 햇볕을 제대로 쬐지 못해 시들시들해지면 건강한 나무가 뿌리를 통해 아픈 나무에게 에너지를 전달하며 서로 상생한다고 합니다. 그렇게 해서 거대한 숲을 이루게 되는 것이지요.

우리는 서로가 건강한 거리에서 서로에게 선한 영향력과 긍정의 에너지를 주고받으며 성장한 8명의 대학원 동기입니다. 독서라는 공통분모로 성장한 여정을 담은 '독서의 기술'을 이렇게 세상의 빛을 볼 수 있도록 저희를 이끌어 주신 숭실대 대학원 김을호 교수님과 도움의 손길을 주신 모든 분들께 감사의 마음을 전해드립니다.

－장선영

'용기'는 자신의 모자란 부분, 부족한 부분을 인정하고 진정으로 극복하려는 순간에 나오는 것이라고 합니다. 처음으로 글을 쓰면서 많은 용기를 내야 했고, 반면 나 자신에 관해 다양한 독서방법을 통해서 성찰할 수 있는 귀한 시간이었습니다. 아마도 혼자였다면 완성하지 못했을 과정을 동기들의 격려와 응원으로 함께 하면서 한 발짝 앞으로 나설 수 있었습니다. 너무도 감사한 마음입니다. 또한 선한 영향력을 가진 동기들과 인연을 맺을 수 있도록 기회를 주신 김을호 교수님께 진심으로 감사드립니다. 저 또한 우리 사회에서 독서문화가 더욱 확대될 수 있도록 미약하나마 힘을 보태겠습니다.

—정혜원